Architectural Guide Book

世界の**建築・街並み**ガイド

イギリス・アイルランド・北欧4か国

編著：渡邉 研司　松本 淳　北川 卓

JN096578

CONTENTS

この本の使い方

本書は、世界の建築と街並みに絞って編集されたガイドブックである。

旅に出る歓びのひとつは、美しい建築や街並みに出会い、書物や映像では得られない身体的感覚に残る感動が得られることである。建築やその集合体である街並みほど、その国の歴史や文化、そしてそこに住む人々の暮らし方や美意識を端的に表現しているものはない。

本書は3つの要素で構成されている。ひとつは古代から現代までの、人が何らかの手を加えた建築物の中から、国別、都市別にぜひ訪れてほしいものを建築の専門家が選んだ「必見の建築・街並み」。ふたつめは建築や美術の専門家が案内役となり、テーマに沿って建築や街並みを巡るとっておきのコースを紹介する「テーマのある旅」。そして旅の知識を深めるために、巻末にまとめた「早わかり各国建築史」である。

「必見の建築・街並み」では、建築史上、重要度の高いものを中心に取り上げているが、建築家が関わっていない、自然発生的に生まれた建物や街並みもできるだけ選んでいる。個人の住宅については、内部に入れるものを前提に選んだ。また現代建築は評価が難しいところだが、なんらかの転換点となったものや、街の象徴になりうるものを選定の条件にした。異論は多々あると思うが、選定者の審美眼、歴史眼に委ねたい。

これから旅の計画を立てる読者に参考にしていただきたいのが「テーマのある旅」だ。何の目的ももたずに出る旅こそ、本来の姿ではあるが、テーマをもって短期間に効率よく優れた建築や街並みを巡ることができれば、違った満足感が得られるはずだ。ひとつの様式を追いながら都市を巡り、現在も息づいている建築や街並みの背景を知ったり、一人の建築家が手掛けた作品をたどり建築家の想像の原点に触れたり、そんな知識や感性を刺激する旅に「テーマのある旅」はきっと役立つはずだ。

【必見の建築・街並み】

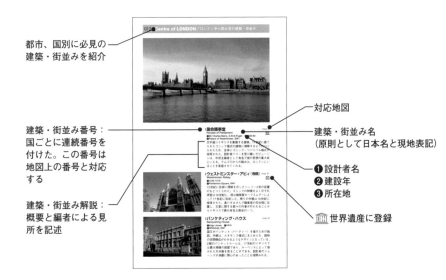

【国地図】

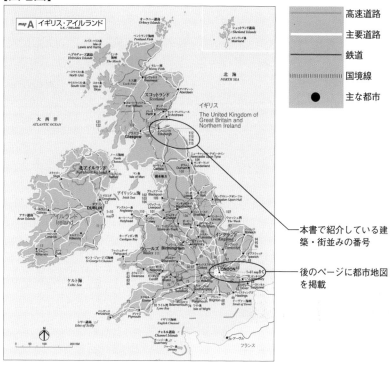

高速道路
主要道路
鉄道
国境線
● 主な都市

本書で紹介している建築・街並みの番号

後のページに都市地図を掲載

【都市地図・広域地図】

地域名

本書で紹介している建築・街並みの番号

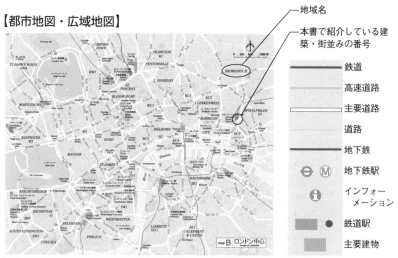

鉄道
高速道路
主要道路
道路
地下鉄
地下鉄駅
インフォメーション
鉄道駅
主要建物

*地名・人名のカタカナ表記は、定着している表記はそのまま使用しましたが、それ以外はできるだけ現地語に近い表記としています。
*本書の内容は、2024年1月現在のものです。公開情報や用途、外観や内装に変更が加わる可能性もありますので、あらかじめご確認ください。

Cotswolds

Aran Islands

イギリス

IRELAND
アイルランド

イギリス・アイルランド
U.K. / IRELAND

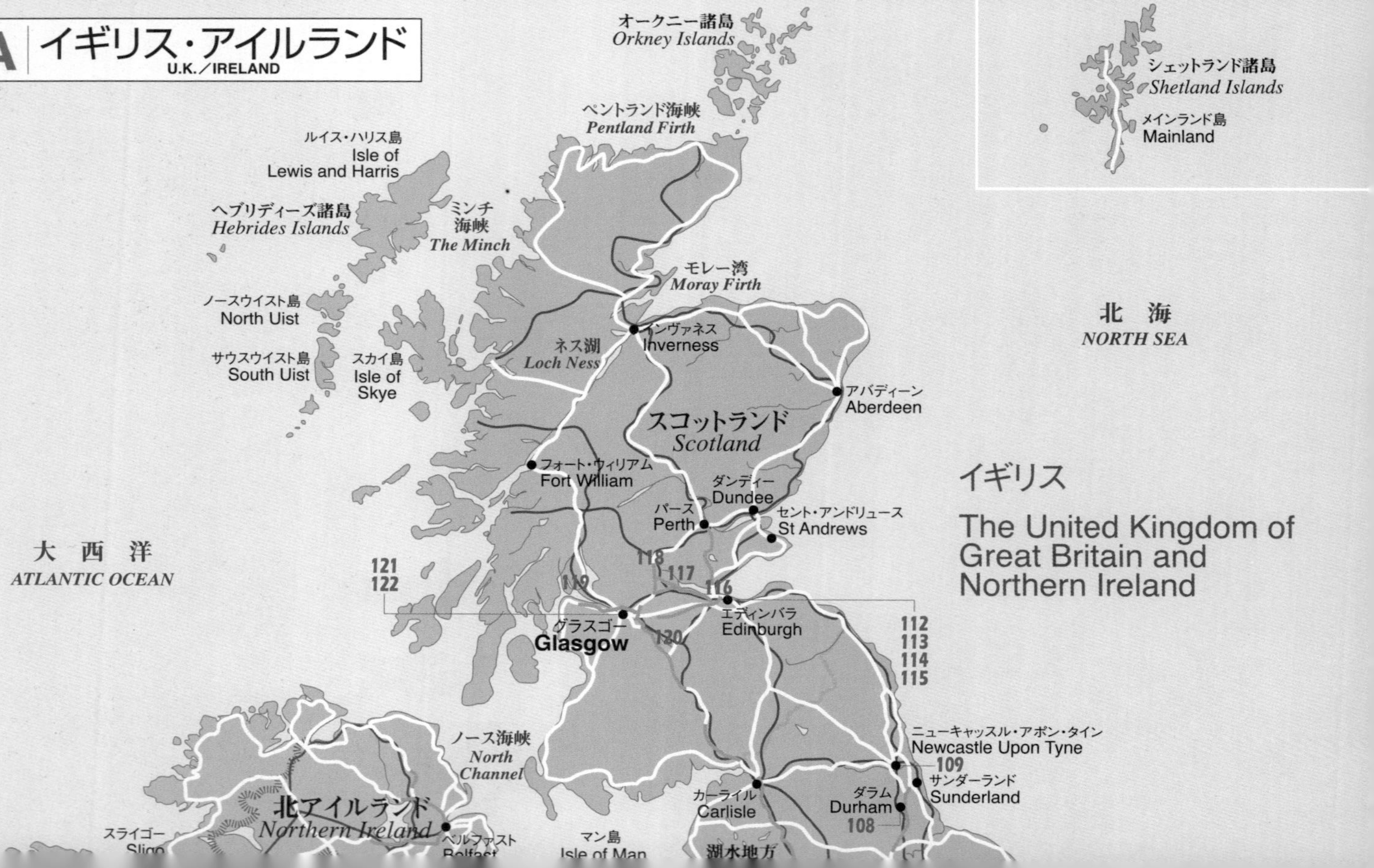

イギリス
The United Kingdom of
Great Britain and
Northern Ireland

シェットランド諸島
Shetland Islands

メインランド島
Mainland

北 海
NORTH SEA

オークニー諸島
Orkney Islands

ペントランド海峡
Pentland Firth

モレー湾
Moray Firth

アバディーン
Aberdeen

インヴァネス
Inverness

ルイス・ハリス島
Isle of
Lewis and Harris

ヘブリディーズ諸島
Hebrides Islands

ミンチ海峡
The Minch

ノースウイスト島
North Uist

スカイ島
Isle of Skye

サウスウイスト島
South Uist

ネス湖
Loch Ness

フォート・ウィリアム
Fort William

スコットランド
Scotland

ダンディー
Dundee

セント・アンドリュース
St Andrews

パース
Perth

118

117 116

119

120

121
122

エディンバラ
Edinburgh

グラスゴー
Glasgow

112
113
114
115

ニューキャッスル・アポン・タイン
Newcastle Upon Tyne
109
サンダーランド
Sunderland

ダラム
Durham
108

カーライル
Carlisle

湖水地方

ノース海峡
North
Channel

マン島
Isle of Man

ベルファスト
Belfast

北アイルランド
Northern Ireland

スライゴー
Sligo

大 西 洋
ATLANTIC OCEAN

フランス
ル・アーヴル

イングランド England
LONDON ロンドン
1~61 mapB・C

ドーバー海峡 Strait of Dover
カンタベリー Canterbury
ユーロトンネル Eurotunnel 64
ドーバー Dover
ヘイスティングス Hastings
65
66
67
62
63

94
95
96
イプスウィッチ Ipswich 93
ノーリッジ Norwich
ウォッシュ湾 The Wash
97
ケンブリッジ Cambridge
91
92
90
オックスフォード Oxford
89
リーディング Reading
ブライトン Brighton 68 69
ポーツマス Portsmouth
サウサンプトン Southampton
ワイト島 Isle of Wight 74

キングストン・アポン・ハル Kingston Upon Hull
107
ヨーク York
リンカーン Lincoln
リーズ Leeds
シェフィールド Sheffield
ノッティンガム Nottingham 98
レスター Leicester
コヴェントリー Coventry 99
マンチェスター Manchester 106
ダービー Derby
ストーク・オン・トレント Stoke-on-Trent 100
バーミンガム Birmingham 111
86-87
88
85
80
グロスター Gloucester
84
バース Bath 76
ソールズベリー Salisbury
75
77
78
79
ブリストル Bristol
ニューポート Newport
カーディフ Cardiff

ブラックプール Blackpool 102 103 104 105
リヴァプール Liverpool 101
チェスター Chester
コンウィ Conwy 110

アイリッシュ海 Irish Sea

ウェールズ Wales 111

アングルシー島 Anglesey
ホーリーヘッド Holyhead

カーディガン湾 Cardigan Bay

スウォンジー Swansea 81 82 83

フィッシュガード Fishguard

セント・ジョージズ海峡 St George's Channel

ボーンマス Bournemouth
ライム湾 Lyme Bay 70
エクセター Exeter 72
プリマス Plymouth

イギリス海峡 English Channel

チャネル諸島 Channel Islands
ガーンジー島 Guernsey
ジャージー島 Jersey

ドロエダ Drogheda 12
ダブリン DUBLIN
1~10 mapD
11

アイルランド Ireland

ゴールウェイ Galway
アラン諸島 Aran Islands
リムリック Limerick
キラーニー Killarney 13
キルケニー Kilkenny
コーク Cork

ケルト海 Celtic Sea

ペンザンス Penzance 71
シリー諸島 Isles of Scilly

200 KM
0   50   100

N

Primrose Hill

Camden Town

CAMDEN TOWN

St. Pancras Way

Camden High St.

Camden Rd.

Pancras Rd.

キングズ クロス駅
King's Cross Station

Prince Albert Rd. •40

St. John's Wood

ロンドン動物園
London Zoo 39

Mornington Crescent

Eversholt St.

Hampstead Road

セント・パンクラス駅
St.Pancras Station

大英図書館
British Library 22

ST.JOHN'S WOOD NW8

NW1

リージェンツ・パーク
Regent's Park

ST. PANCRAS

St. John's Wood Road

Outer Circle

Albany Street

ユーストン駅
Euston Station

Euston Square

BLOOMSBURY

Park Road

Regent's Park Lake

Lisson Grove

Euston Rd.

Warren St.

Russell Square

Edgware Road

Marylebone Station

Marylebone Road

Regent's P.

Gt. Portld Street

Gower Street

Goodge Street

ロンドン大学 University of London 18

MARYLEBONE

Baker Street

Portland Place

Great Portland St.

Tottenham Court Rd.

Bloomsbury St.

大英博物館 British Museum 17

Edgware Road

21

Goodge Street

•20

New Oxford St.

19

Harrow Road

Gloucester Place

Baker Street

Marylebone High St.

Mortimer St. Goodge St.

パディントン駅
Paddington Station 33

Praed Street

Sussex Gdns.

Edgware Road

Wigmore Street

W1

Oxford St.

Tottenham Court Road

Coven Garder

Paddington

BAYSWATER W2

Marble Arch

Oxford St.

Bond Street

New Bond St.

Oxford Circus

Regent St.

SOHO

Leiceste Square

Lancaster Gate

Bayswater Road

Old Bond St.

St. James's St.

Shaftesbury Avenue

ナショナル・ギャラリー
National Gallery

Piccadilly Circus 9

Haymarket

MAYFAIR

The Ring

ハイド・パーク
Hyde Park

Park Lane

•38

Green Park

13

ST.JAMES'S 12

Pall Mall

11

Charing Cross Station

The Serpentine

Piccadilly

グリーン・パーク
Green Park

The Mall

Charing Cross Station

Hyde Park Corner

ホース・ガーズ
House Guards

Westminste

KNIGHTSBRIDGE

Kensington Road

Knightsbridge

バッキンガム宮殿
Backingham Palace 10

セント・ジェームズ・パーク
St James's Park

国会議事堂
Houses of Parliament

34 ロイヤル・アルバート・ホール
Royal Albert Hall

Brompton Rd.

Grosvenor Place

St James's Park

2

ヴィクトリア&アルバート美術館
Victoria & Albert Museum

Sloane St.

Backingham Gate

ウェストミンスター寺院
Westminster Abbey

自然史博物館 •35
Natural History Museum

BROMPTON

•37

King's Road

Eccleston St.

Buckingham Palace Rd.

ヴィクトリア駅
Victoria Station

8 • **SW1**

ウェストミンスター大聖堂
Westminster Cathedral

SW7

South Kensington

BELGRAVIA

Victoria Street

WESTMINSTER

36•

Sloane Square

テート・ギャラリー
Tate Gallery

SOUTH KENSINGTON SW3

King's Road

Pimlico Rd.

Belgrave Road

Vauxhall Bridge Rd.

PIMLICO

CHELSEA

Chelsea Bridge Rd.

Pimlico

Vauxha Bridge

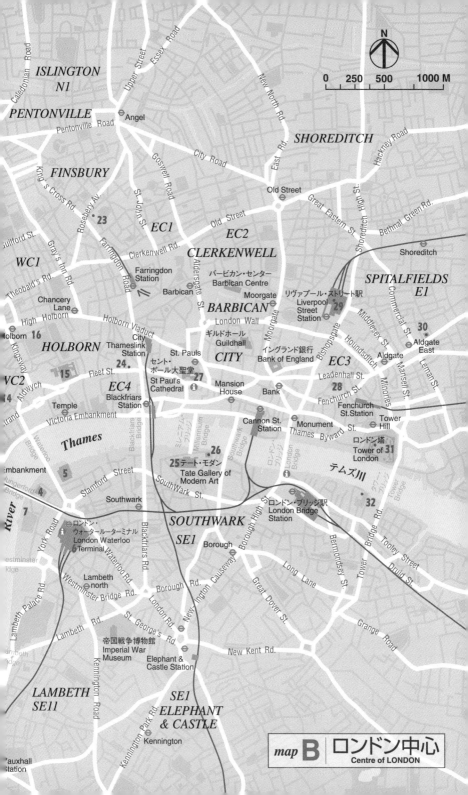

N

0 250 500 1000 M

ISLINGTON
N1

PENTONVILLE

Caledonian Road

Upper Street

Essex Road

Pentonville Road   Angel

City Road

SHOREDITCH

Hackney Road

FINSBURY

King's Cross Rd.

Rosebery Av.

St. John St.

Goswell Road

Old Street

New North Rd.

East Rd.

Great Eastern St.

Shoreditch High St.

Bethnal Green Rd.

23

EC1

Clerkenwell Rd.

Farringdon Road

Old Street

EC2

CLERKENWELL

Shoreditch

WC1

Guilford St.

Gray's Inn Rd.

Theobald's Rd.

Chancery
Lane

High Holborn

Farringdon
Station

Barbican

Aldersgate St.

バービカン・センター
Barbican Centre

Moorgate

London Wall

Moorgate

BARBICAN

ギルドホール
Guildhall

CITY

リヴァプール・ストリート駅
Liverpool
Street
Station

29

SPITALFIELDS
E1

Middlesex St.

Commercial St.

30

Aldgate
East

Holborn 16

HOLBORN

Holborn Viaduct

City
Thameslink
Station

24.

St. Pauls

セント・
ポール大聖堂
St Paul's
Cathedral

27

Mansion
House

イングランド銀行
Bank of England

Bank

EC3

Bishopsgate

Houndsditch

Leadenhall St.

28

Fenchurch St.

Aldgate

Mansell St.

Lemar St.

Minories

Fenchurch
St.Station

VC2

15

Kingsway

Aldwych

Fleet St.

EC4

Temple

Blackfriars
Station

Victoria Embankment

Blackfriars Bridge

Cannon St.
Station

ミレニアム・ブリッジ

Southwark Bridge

Thames Byward St.

Monument

Thames

Tower
Hill

ロンドン塔
Tower of
London

31

Thames

Waterloo

Hungerford
Bridge

5

Stamford

Street

Southwark

25 テート・モダン
Tate Gallery of
Modern Art

26

Southwark St.

London Bridge

ロンドン・ブリッジ

テムズ川

Tower
Bridge

32

River

7

York Road

ロンドン・
ウォータールーターミナル
London Waterloo
Terminal

Blackfriars Rd.

SOUTHWARK
SE1

Borough

Borough High St.

ロンドン・ブリッジ駅
London Bridge
Station

Tooley Street

Druid St.

estminster
dge

Lambeth Palace Rd.

Lambeth
north

Westminster Bridge Rd.

Waterloo Rd.

Lambeth Rd.

London Rd.

Borough Rd.

New Kington Causeway

Great Dover St.

Long Lane

Bermondsey St.

Tower Bridge Rd.

Grange Road

LAMBETH
SE11

ambeth
dge

Kennington Road

St. George's
Rd.

帝国戦争博物館
Imperial War
Museum

Elephant &
Castle Station

New Kent Rd.

SE1
ELEPHANT
& CASTLE

Kennington Park Rd.

Kennington

auxhall
tation

map **B** ロンドン中心
Centre of LONDON

1 国会議事堂
Houses of Parliament
❶Sir Charles Barry, A.W.N.Pugin ❷1835-60
❸Palace of Westminster, SW1

map B

文字通りイギリスを象徴する建築。11世紀に建てられたゴシック様式の建物に増築するようにつくられたため、全体にゴシック・リバイバル様式が採用された。設計者バリーを受け継いだピュージンは、中世主義者として有名で彼の思想の集大成といえる。テムズ川からの眺めは、ロンドンにいることを実感させてくれる。

2 ウェストミンスター・アビィ（寺院）
Westminster Abbey
❷1245-1519
❸Parliament Square, SW1

map B

13世紀に芸術に理解を示したヘンリー3世の庇護のもとつくられた。ゴシックの特徴をよく示す礼拝堂は16世紀に、塔は建築家ホークスムアーによって17世紀に完成した。残りの外観は19世紀に修復された。通りをはさんで議事堂の反対側に位置し、王室に関する数々の行事が行われることからイギリスで最も有名な教会の一つ。

3 バンケティング・ハウス
Banqueting House
❶Inigo Jones ❷1619
❸Whitehall, SW1

map B

国王がバンケット（パーティー）を催すための施設。外観は、ルネサンス様式にまとめられ、建物の空間構成がわかるようなデザインとなっている。2階のバンケットルームは、17世紀のイギリスでは最大規模の部屋であり、ルーベンスによって描かれた天井画を見ることができる。設計者のジョーンズが演劇に関心のあったことも垣間みれる。

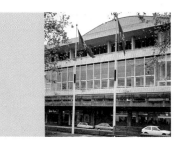

4 ロイヤル・フェスティヴァル・ホール　*map B*
Royal Festival Hall
❶LCC Architects Department　❷1951/2009（増改築）
❸South Bank ,SE1

1944年のロンドン計画によって指定された文化地区に、イギリス復興を意図して建てられたコンサートホール。民主主義建築を象徴する透明性と、自由にアクセスできる開放性が、戦後日本の建築界にも影響を与えた。コンサートを聴きに行かなくても、カフェや芸術関係の本屋があり、文化的な雰囲気を味わうことができる。

5 ロイヤル・ナショナル・シアター　*map B*
Royal National Theater
❶Sir Denys Lasdun and Partners　❷1967-77
❸Waterloo Rd., SE1

イギリスで最大規模を誇る演劇専用劇場。ロイヤル・フェスティヴァル・ホールの横に位置する。都市景観の中での建築のあり方を模索した設計者の集大成であったが、テムズ川越しに見るコンクリートの重量感ある姿を、当時のチャールズ皇太子は醜い発電所と批判した。

6 ロンドン・ウォータールーターミナル　*map B*
London Waterloo Terminal
❶Nicholas Grimshaw and Partners　❷1993
❸York Rd., SE1

ユーロスターのイギリス側のターミナル駅。内部空間は19世紀的な駅舎に見られる鉄骨構造の現代版として独特の雰囲気を出している。イギリスの駅舎に共通しているが、古い空間と新しい空間を融合させ、人々の出会いと別れをうまく演出している。スロープを使ったホームへのアクセスなどバリアフリーが徹底されている。

7 ロンドン・アイ　*map B*
London Eye
❶David Marks and Julia Barfield　❷2000
❸Jubilee Garden Belvedere Rd., SE1

ミレニアムのアトラクションの一つで、英国航空がスポンサーとなり世界一大きな観覧車がつくられた。25人乗りのゴンドラから天気がよければ、郊外まで眺めることができる。ロンドンの町の大きさを実感するためには最適。近くの国会議事堂やロイヤル・フェスティヴァル・ホールなどとテムズ川との関係がつかめる。

8 チャンネル4　*map B*
Channel 4
❶Richard Rogers and Partners　❷1994
❸Horseferry Rd., SW1

ロイズと同じ建築家によるテレビ放送局。正面玄関横のエレベーター、階段室、会議室、アンテナ機能をも備えたタワーが通りから見える。L型に配された平面計画には、サービスする場とされる場の関係が明確に反映されている。細部まで密にデザインされ技術的完成度も高く、ものをつくるということを考えさせられる建築。

9 リージェント・ストリートの街並み map B
Regent St.
❶John Nash ❷1812-28
❸Regent St., W1

ロンドン市内唯一、一人の建築家によって都市計画された街並み。摂政の庇護を得たナッシュが、オール・ソウルズ教会をアイストップにして、曲がりながら連続する街並みを駆使しながら、ロンドンを東と西に分断した。視線の変化はイギリス特有のピクチャレスク美学の都市空間への応用といわれる。

10 バッキンガム宮殿 map B
Buckingham Palace
❶John Nash , Edward Blore他 ❷1825-1913
❸The Mall, SW1

英国王室の本拠地。宮殿建築の例にのっとりフランス・ルイ王朝様式。ロンドンではめずらしく軸線がはっきりした配置計画になっている。建物よりむしろ数百年続く、衛兵交代の儀によってすべての交通が遮断され、周囲が一瞬の間、劇場空間化することが面白い。宮殿内は夏季だけ一般公開される。

11 カールトン・ハウス・テラス map B
Carlton House Terrace
❶John Nash ❷1827-32
❸The Mall ,SW1

19世紀前半に建てられた連続型住宅。設計者ナッシュによるリージェンツ・パークから南下する都市計画の終点である。新古典主義様式の建築は、整然とした真っ白な街並みを形成している。その中のICA（現代芸術研究所）では、現代芸術に関する情報が得られる。また、ここでは展覧会やレクチャーなども頻繁に行われる。

12 エコノミスト・ビルディング　map B
The Economist Building
❶Alison and Peter Smithson　❷1964
❸St.James's St., SW1

60年代を代表する建築家スミッソン夫妻によるオフィス・ビル。ロンドン市内における夫妻の代表作。人工地盤の上に立つ高さの異なる2棟のオフィス棟とそれより低い住宅棟からなる。外観は目立たないが、石とサッシの納まりなどは工夫がこらされている。また、すぐ隣に古い建物があり、うまく周囲の環境と調和している。

13 ウォーターストーンズ書店　map B
Water Stone's Book Shop
❶Joseph Emberton　❷1935
❸Piccadilly, W1

旧シンプソン百貨店。ロンドン中心部のピカデリー・サーカスに位置し、外観は通りの交通の流れを意識した直線的な構成をもつ商業施設。通りに面したショーケースは、当時ドイツから亡命してきたモホリ=ナジによってデザインされた。2年前に大規模書店として改装されたが、階段部分や照明などオリジナルのデザインが残っている。

14 コヴェント・ガーデン広場　map B
Covent Garden Piazza
❶Inigo Jones　❷1631
❸Covent Garden Piazza, WC2

イタリアの広場を模した設計者ジョーンズによる、イギリス人のラテンへのあこがれが込められている街並みと広場。周りにはオープンカフェや旧セント・ポール前の広場があり、地下1階の中庭では大道芸やミニ・コンサートが行われる。ロンドンの他の都市公園（スクエア）とは異質の空間が体験できる。

15 王立裁判所　map B
Royal Courts of Justice
❶George Edmund Street　❷1874-82
❸Strand, WC2

19世紀に盛んだった様式論争（Battle of Style）のさなかにつくられた裁判所。それを示すように全体的には、国会議事堂と同じゴシック・リバイバル様式だが、細部は複数の様式が混在している。石造りの建築として確固たる存在感を示すが、入口部分などはヒューマンスケールを感じさせるデザインになっている。

16 ジョン・ソーン卿博物館　map B
Sir John Soane's Museum
❶Sir John Soane　❷1812-34
❸Lincoln's Inn Fields, WC2

旧ジョン・ソーン自邸。19世紀前半を代表する建築家でコレクターのソーン自邸を博物館にした建物。1992年に一般公開され、内部空間と隙間なく飾られたコレクションを楽しむことができる。特に光の取り入れ方と建築ドローイングのコレクションは圧巻で、その収納方法も見ものである。現在も改修しながら当時の姿を保っている。

17 **大英博物館/グレート・コート** *map B*
British Museum/Great Court
❶Sir Robert Smirke/Foster Associates ❷1823-47/ 2000
❸Great Russell St., WC1

正面がギリシア神殿を模した古典主義様式の建物。
内部にマルクスらが足を運んだドーム屋根が架か
る大英図書館閲覧室があったが、2000年にそれを
とりまくようにガラス屋根が架かったグレート・
コートとして改修された。明るく透明な空間が、
21世紀の知を象徴するのか。以前の閲覧室の持つ
19世紀的知の雰囲気を惜しむ声もある。

18 **セネト・ハウス** *map B*
Senate House, University of London
❶Charles Holden ❷1932
❸Malet St., WC1

1930年代に多くの地下鉄駅舎を設計したホールデ
ンによるロンドン大学の本部建物。大学地区にあ
り、アールデコ・スタイルの建物は、モダニズム
建築と記念碑的な様式建築の中間的存在。隣には、
ロンドンで一番規模の大きいブルームズベリー・
スクエアがあり、しばしの憩いを求める学生たち
でにぎわっている。

19 **ベッドフォード・スクエア** *map B*
Bedford Square
❶Thomas Leverton ❷1775
❸Bedford Square, WC1

18世紀ジョージアン・テラスハウスを代表する都
市広場と街並み。中央の広場は柵に囲まれ一般に
は公開されていないが、周りの建物の所有者は鍵
をもっている。建築教育の名門AAスクールがある
ことでも有名。一見どこが学校だかわからない。
校内は誰でも入れるので、テラスハウスの空間を
体験できる。ただし中で迷うこと必至。

20 イマジネーション・ビルディングス map B

Imagination Buildings

❶Ron Herron and Associates　❷1990
❸Store St., WC1

常に前衛活動を行いながらも、1994年急逝した建築家ロン・ヘロンが設計したオフィスビル。建物の内部にテントがかかった吹抜けがあり、十分な光がふりそそぐ。外壁の重厚なレンガとは対照的に、内部の軽やかなデッキやブリッジとの対比が美しい。屋上のギャラリーではデザイン関連の展示会が行われる。

21 RIBA 王立英国建築家協会 map B

Royal Institute of British Architects

❶Grey Wornum　❷1932-34
❸Portland Place, W1

王立建築家協会の本部ビル。外壁の材料は周辺建物に見られる白いポートランドストーンを使い、設計者ウォーナム好みの落ち着いた北欧風のデザインによってまとめられている。外壁や内部のいたるところに彫刻やエンブレムが見られる。建築書籍が充実した書店や、カフェ、展示室、図書室などもある。

22 セント・パンクラス・インターナショナル駅 map B

St Pancras International Station

❶Alistair Lansley, Norman Foster　❷1996-2007
❸Euston Rd., NW1

2007年にそれまでウォータールー駅にあったユーロスター・ターミナル駅を、ユーロスター用の軌道の敷設とともにセント・パンクラス駅舎とホテルの保存改修の工事に合わせて新築された。フォスターが全体のマスタープランを担当し、駅舎の中に現代的ニーズに合わせた明るい施設空間が広がる。2011年保存改修。

23 フィンズベリー・ヘルス・センター map B

Finsbury Health Centre

❶Lubetkin and Tecton　❷1938
❸Pine St., EC1

フィンズベリーというロンドンの中でも左翼系の強い地区につくられた診療所。建物はシンメトリーでシンプルな構成をもつ。内部の設備系ダクトがパネルに覆われ、点検がしやすいように技術的な工夫がなされている。ガラスブロック壁のエントランスホールにはやわらかな光が入り、身体だけでなく精神的なくつろぎも意図されている。

24 デイリー・エクスプレス社ビル map B

Daily Express Building

❶Ellis Clarke and Atkinson and Sir Owen Williams　❷1932
❸Fleet St., EC4

構造技師ウィリアムズによる新聞社本社ビル。近年隣に新社屋ができたのを機に修復された。カーテンウォールによる外観のデザインは斬新で、今でも十分通ずる。エントランスホールは、ロンドンで最も華やかなアールデコ・スタイルといわれる。内部見学は不可だが、ガラス越しにそのエントランスホールを見ることができる。

25 テート・モダン
Tate Gallery of Modern Art
❶Herzog and de Meuron/Sir Giles Gilbert Scott
❷2000/1955 ❸Summer St., SE1

map B

旧バンクサイド発電所。廃墟となっていた近代建築を改修して、現代美術館に再生した見事な事例。歴史的評価がそれほど高くない工業建築でさえ、大事に使っていくというイギリス人の価値観が表れている。同時に開通したミレニアム・ブリッジは、女王が渡った後2年間、揺れによって閉鎖されていたが、通行可能になった。

26 シェイクスピア・グローブ座（再建） *map B*
Shakespeare's Globe Theatre
❶McCurdy and Co. ❷1997
❸New Globe Walk, SE1

ロンドン子の悲願だった16世紀に存在したシェイクスピアのグローブ座を再建した劇場。屋根がない中庭を囲んだ客席、外壁の材料等、当時の劇場を忠実に再現している。隣のテート・モダンとは、修復、再現という意味で好対照を見せており、それらの相乗効果で、多くの人たちが訪れ、サウス・バンク地区が活性化した。

27 セント・ポール大聖堂
St Paul's Cathedral
❶Sir Christopher Wren ❷1675-1711
❸Ludgate Hill, EC4

map B

1666年のロンドン大火後、およそ40年をかけてイギリスで最も有名な建築家レンによってつくられたロンドン最大の建築物。大火直後、レンによる都市計画もあったが、こちらは実現されなかった。2000年にテムズ川対岸のテート・モダンが開館し、この聖堂への軸線が意識された。年末に聖堂内で歌われるハレルヤを聴くのも一興。

28 ロイズ・オブ・ロンドン　map B
Lloyd's of London Insurance Market and Offices
❶Richard Rogers and Partners　❷1985
❸Leadenhall St., EC3

世界最大の保険会社の本社ビル。伝統的都市景観の中に存在するモダンな建築という意味で、パリのポンピドゥー・センターに匹敵する位置付けをもつ建築。古いシティの金融街にそびえ立つ設備丸出しのハイテック建築は、不思議と街並みに融合している。昔の格好をした警備員が近代的なビルの前に立っているのが面白い。

29 リヴァプール・ストリート駅　map B
Liverpool Street Station
❶British Rail　❷1991
❸Liverpool St. Bishopsgate, EC2

シティ地区にあるイギリス北東部へ向かう鉄道のターミナル駅。1991年にリニューアルされ、外部のおよそ8割が新たにつくり直されたが、古いレンガタイルの外壁が見えるように、入口部分にガラスを使うなど、古さと新しさをうまく調和させている。

30 ホワイトチャペル・アート・ギャラリー　map B
Whitechapel Art Gallery
❶C.H.Townsend　❷1897-99
❸Whitechapel Rd., E1

ロンドン、イースト・エンド地区にある小さなギャラリー。アーツ・アンド・クラフツ運動に見られる、おだやかなデザインの建物。ここで企画されたいくつかの展示会は、戦後イギリスのデザイン界に非常に大きな影響を及ぼした。さらに東に歩いていくと、イスラム系の人々が多く住む地域があり、異国情緒が味わえる。

31 ローマン・ウォールとロンドン塔　map B
Roman Wall/Tower of London
❷3-4世紀/11世紀
❸Tower Hill, EC3

ロンドンがローマ人によってつくられた証拠となる城壁。地下鉄タワーヒル駅前になにげなくある。ロンドン塔は、ウィリアム征服王によってローマ軍の砦跡につくられたノルマン朝を代表する軍事施設。居城としても機能していたが、投獄、処刑などの場所として血なまぐさい歴史を有しており、そのための建築的仕掛けがあった。

32 ロンドン・シティ・ホール　map B
London City Hall
❶Foster Associates　❷2002
❸Queen's Walk, SE1

タワー・ブリッジの南岸脇に2002年にオープンしたロンドン市役所。建物と周辺が楕円形と螺旋の軌跡によって構想されている。1階から地下へのスロープを巨大なロンドン市の模型を眺めながら降りる。有機的な建物の形は、周囲の景観に対して違和感を感じるため賛否両論があるが、フォスターの新たなデザインへの試みの一つ。

33 パディントン駅 map B
Paddington Station
❶I. K. Brunel/Nicholas Grimshow and Partners
❷1850-54/1999　❸Eastbourne Terrace, W2
19世紀イギリスを代表する土木技師ブルネルの作品。鉄骨架構の駅舎は、旅の始まりと終着の雰囲気をうまくつくりだしている。1999年グリムショウによって鉄骨架構の改修と増築が行われ、ロンドンの西の玄関口としてのたたずまいが整った。同時にヒースロー・エクスプレスの運行で、空港まで15分と便利になった。

34 ロイヤル・アルバート・ホール map B
Royal Albert Hall
❶Captain Francis Fowke　❷1867-71
❸Kensington Gore, SW7
8000人を収容する直径225mの円形ホール。円形であるため、音響性能は劣るが、客席が見渡せて雰囲気のある音楽空間となっている。特に夏に行われるプロムナード・コンサート（プロムス）では、アリーナ（平土間）とギャラリー（天井桟敷）に立ち見の客が集まり、聴衆と演奏家が一体感を持つことができる。

35 ヴィクトリア&アルバート美術館 map B
Victoria and Albert Museum
❶Captain Francis Fowke 他　❷1856-1909
❸Cromwell Rd., SW7
文化・教育地区であるサウス・ケンジントンに堂々とした姿を見せる。建物全体は50年ほどをかけて増築されており、一つの建物の完成にかける時間の長さを感じる。世界最大規模の美術コレクションを保持しており、15世紀以降のイギリスの建築家の模型や図面、スケッチブックなどのコレクションも充実している。

36 ピーター・ジョーンズ百貨店 map B
Peter Jones Department Store
❶W.Crabtree, C.H.Reilly(consultant) ❷1936-38
❸Slone Square, SW1

交差点の角に位置し、前面道路に合わせて、流れるような外観をもつモダニズム建築。外壁のガラスのカーテンウォールは、当時ロンドンでは先駆的な試みであった。ベルリンにあるメンデルゾーン設計のショッケン・ストアのデザインに影響を受けた。周辺はおしゃれな地域で、散策に適している。

37 カドガン・スクエア map B
Cadogan Square
❶R.Norman Shaw ❷1887
❸Cadogan Square, SW1

典型的なヴィクトリアン・スタイルのテラスハウス。赤レンガブロックで統一されたファサードはこの地区に華やかな19世紀末の雰囲気をつくりだしている。特にショウの設計によるものは、外観が堂々としている。また、スローン・ストリートをはさんで反対側にあるジョージアン様式のテラスハウスは、異なる趣をもつ。

38 ドーチェスター・ホテル map B
Dorchester Hotel
❶W.Curtis Green ❷1930
❸Park Lane, W1

1930年に建てられたモダン・スタイルの高級ホテル。ハイド・パークに隣接しているので、眺望の上でもすばらしい。全体的に時代を反映したアールデコ・スタイルで、細部にわたりこまやかなデザインがなされている。この地区には各国大使館や高級ホテルが集まる。

39 旧ペンギン・プール map B
Penguin Pool, London Zoo
❶Lubetkin and Tecton ❷1934
❸Prince Albert Rd., NW1

ロンドン動物園内にあるペンギンのためのプール。2枚の薄いコンクリートスラブが螺旋状に交錯し、ダイナミックな動きとリズムをつくっている。幾何学的構成を有する鉄筋コンクリート造形の可能性を高めた作品。よちよち歩くペンギンの姿はユーモラスだったが、現在は使われておらず、代わりに彫刻が置かれている。

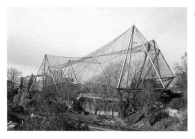

40 大鳥籠 map B
Aviary, London Zoo
❶Cedric Price, Frank Newby(structure) ❷1963
❸Prince Albert Rd., NW1

ロンドン動物園内にある鳥小屋。常にゲリラ的活動を見せるプライスの作品。人間が鳥籠に入るという逆転の発想と、人間と鳥の見る見られるの関係が面白い。4つのチューブ状のテトラポットが吊り下げられたり、片持ち梁のデッキなどがあり、構造家ニュービーによる軽快な構造上の提案も一見の価値あり。

41 チズウィック・ハウス
Chiswick House

map C

❶Lord Burlington ❷1725-29
❸Hogarth Lane, W4

18世紀、貴族階級では一般的だったグランド・ツアーによって、イタリアで建築を学んだバーリントン卿が建てた館。様式は18世紀イギリスをはじめ、世界中に広がったイタリアの建築家パラーディオのスタイルで、その最たるもの。建物自体は単位寸法の違いで、パラーディオのロトンダより縮小された大きさになっている。

42 ハルフィールド・スクール
Hallfield School

map C

❶Drake and Lasdun/Caruso St John Architects
❷1951/2005 ❸Porchester Terrace, W2

ドレイクとラスダン設計による戦後すぐの学校施設。平面配置は、植物の形態からヒントを得たクラスター（房）型であり、同時代の建築家に影響を与えた。コンクリートの特性を活かし、テラスやルーバーなど表情のある造形を試みている。2005年にカルソ・セント・ジョン・アーキテクツによる増築が行われた。

43 トレリック・タワー
Trellick Tower

map C

❶Ernö Goldfinger ❷1973
❸Golborne Rd., W10

平面的な構成のアレキサンドラ・ロードの集合住宅とは対象的に、タワー型の中層集合住宅。エレベーターと階段室が独立して設けられ、3層ごとに廊下で住戸につながっている。このようなタワー型の住宅はイギリスに数多く見られるが、1960年代につくられたグラスゴー近郊のものは、住環境の悪化を招き破壊された。

44 ベッドフォード・パーク
Bedford Park

❶R.Norman Shaw, E.W.Godwin 他　❷1875-
❸Bedford Park, W4

19世紀後半、ロンドンが郊外に広がる頃、地下
鉄で30分ほどの通勤圏内に建設された住宅地。
写真の家は、当時、住宅復興運動のさなか、独特
のスタイルを展開したヴォイジーの設計による
スタジオ付き住宅。いくつかの住宅はヴィクトリア
様式の特徴を示す。付近には公園、学校が隣接し、
整った住環境計画となっている。

map C

45 キュー・ガーデン
Royal Botanic Gardens, Kew

❶Deciums Burton, Richard Turner　❷1844-48
❸Kew Rd., W4

300エーカーの広さをもつ植物園。園内には中国
や日本に由来する建物もあり、大英帝国の当時の
力を感じさせる。中でも19世紀半ばに工業建築
として建てられたガラスと鉄骨を使った温室が必
見。地下鉄でも行けるが、ウェストミンスター・
ベイから出航するボートに乗って、テムズ河岸の
建物と風景を見ながら行くのも一興。

map C

46 アルトン・エステイト東棟・西棟
Alton East and West Estate

❶LCC Architects Department　❷1952-59
❸Roehampton Lane, SW15

LCC（ロンドン州庁舎建築部）による1950年代
に建てられた団地。東地区と西地区に分かれてお
り、デザインもイギリス・北欧風の建物と、コル
ビュジエのモダニズム風の建物とが緑豊かな敷地
に並存している。この配置計画を建築史家ペブス
ナーはモダニズムのピクチャレスク（絵画風）的
配置計画と呼んだ。

map C

47 ラングハムの集合住宅
Flats, Langham House

❶Stiring and Gowan　❷1958
❸Ham St., SW15

1950年代に世界中で流行した、素材をそのまま
表現するというブルータリズム建築の一例。デザ
インは設計者スターリングが尊敬するコルビュジ
エのパリにあるジャウル邸に影響を受けている。
この作品を機に地域主義と近代建築の関係が議論
された。竣工から60年以上経っているが、今で
は周辺の環境と調和し美しい姿を見せている。

map C

48 ハンプトン・コート・パレス
Hampton Court Palace

❶Sir Christopher Wren, William Kent
❷16世紀-/1689-94/1732　❸East Molesey, Surrey

ロンドンの南の郊外にある王宮。16世紀から建
設された建物群の設計は、17世紀後半と18世紀
半ばにそれぞれ異なる建築家が引き継いだ。テム
ズ川に架かるハンプトン・ブリッジを渡り、敷地
に入ると、広々とした芝生の前庭の向こうにレン
ガ造りのにぎやかな煙突が見え、正面にパレス内
部への入口がある。

map C

49 **レッド・ハウス** map C
Red House
❶Philip Webb, William Morris　❷1859-60
❸Red House Lane, Bexleyheath

近代住居の先駆けとして建築史上有名な家。郊外に住むというライフスタイルと、内装や家具のデザインなどから、ウィリアム・モリスらによって提唱されたアーツ・アンド・クラフツ運動の具体例を見ることができる。モリス夫妻が住んでいたが、現在はナショナル・トラストの所有となっている。

50 **ホリマン・ミュージアム** map C
Horiman Museum
❶C.H.Townsend　❷1896-1901/2002
❸London Rd., SE23

イースト・エンド地区にあるホワイトチャペル・アート・ギャラリーを設計したタウンセンドによる地域住民ための美術館。2002年に増築部分が建設され、本館も修復・保存されている。ホワイトチャペル同様、タウンセンド独特の柔らかなデザインで、特に時計塔が周囲の景観にアクセントを与えている。

51 **ダルウィッチ霊廟と絵画ギャラリー** map C
Dulwich Mausoleum and Picture Gallery
❶Sir John Soane　❷1811-14
❸College Rd. and Gallery Rd., SE21

自邸に次いで有名なジョン・ソーン卿による霊廟と絵画を中心としたギャラリー。ともに外部は細部にわたって分類不可能なソーン独特の不思議な様式が見え隠れする。また、ギャラリーの内部空間における間接光の取り入れ方は自邸と共通する。アクセスは若干不便だが、ジョン・ソーン卿博物館とセットで見学することをぜひおすすめしたい。

52 パイオニア・ヘルス・センター　*map C*
Pioneer Health Centre
❶Sir Owen Williams　❷1934-36
❸St Mary's Rd., SE15

第二次世界大戦前、地域住民の健康増進とコミュニティ発展のため、ロンドン各地につくられた診療施設の一つ。設備的な排熱処理によって温水プールが鉄筋コンクリートの大空間につくられた。また、ガラスとスチールのカーテンウォールで構成された曲面をもった外壁は、軽やかな表情を見せる。

53 クイーンズ・ハウス　*map C*
Queen's House
❶Inigo Jones　❷1616-35
❸Greenwich Park, SE10

イギリスでの最初のイタリア・パラーディオ様式建築。両側に廊下をもった矩形のシンプルな形態の建物だが、古典的なスタイルを守っていて安定感がある。グリニッジ公園の入口にあり、その後レンによってテムズ川に面して建てられた王立海軍病院は、この建物の軸線を意識している。近くに世界の標準時で有名な旧王立天文台がある。

54 The O₂　*map C*
The O₂
❶Richard Rogers and Partners　❷2000
❸Millennium Way, SE10

ミレニアム・イベントでつくられた展示・イベントのための巨大なテント型ドーム。構造と工法をロジャーズのパートナーが提案した。オープンの際、展示施設の設計を多くの若手建築家が担当した。1851年に建てられたクリスタルパレス（水晶宮）以来のイギリスにおける工業化建築の伝統を受け継ぐ建物の一つ。

55 キーリング・ハウス・アパートメント　*map C*
Keeling House Apartment
❶Sir Denys Lasdun　❷1960/2001
❸Claredale St., E2

クラスター型という房状の平面形態をした集合住宅。労働者階級の多いイースト・エンド地区にあるため破壊行為にあい、十数年間使われていなかったが、2001年に新しいエントランス部分が付け加えられ改修された。民主主義が標榜された時代につくられた集合住宅の保存・再生の貴重な事例である。

56 アレキサンドラ・ロードの集合住宅　*map C*
Housing, Alexandra Road
❶London Borough of Camden Architects Department
❷1969-79　❸Abbey Rd., Boundary Rd., NW8

1970年代後半『都市住宅』誌を中心に日本に紹介され一世を風靡したイギリスを代表する集合住宅。大規模開発であるが、全体にゆるやかに曲がり、連続したリズム感のある外観は、街の景観にやさしい印象を与えている。1997年に大規模な改修が行われ、各戸増改築をしながら建設当時の姿を美しく保っている。

57 イソコン・フラット map C
Isokon Flats
❶Wells Coates ❷1933
❸Lawn Rd., NW3

東京生まれのカナダ人建築家コーツによって、家具会社のオーナーのためにつくられたアパート。第二次世界大戦前、ヨーロッパから亡命してきたグロピウスやブロイヤーが住んでいた。付近にはモダニズムに共感する芸術家が集まり、芸術サークルを形成していた。作家のアガサ・クリスティーも一時期このフラットに住んでいた。

58 ウィロー・ロードの家 map C
Houses in Willow Rd.
❶Ernö Goldfinger ❷1938
❸Willow Rd., NW3

ハンガリー出身のゴールドフィンガーによる自邸。3戸あるテラスハウスで、中央が自邸、両端は貸家。ハムステッド・ヒース近くに位置し、周囲のヴィクトリアン住宅と同様のレンガタイルが使われているため、近代建築ではあるが違和感はない。自邸はナショナル・トラストが所有し、内部のアートコレクションとともに公開している。

59 ハムステッド・ヒース map C
Hampstead Heath
❸Hampstead Heath, NW3

自然の地形をそのまま活かして公園にしている。何もせず自然の中でゆっくりとした時間を過ごしたいときに最適。夏の間、新古典主義のケンウッドハウス近くの野外音楽堂でコンサートが開かれる。チケットを買わず、近くの芝で寝転がって食事をしながら聴くのも、イギリス的で経済的な楽しみ方かもしれない。

60 ハムステッド・ガーデン・サバーブ map C
Hampstead Garden Suburb
❶Parker and Unwin, Sir Edwin Lutyens,他 ❷1906-14
❸Hampstead Garden Suburb, NW11

20世紀初めに、地下鉄ノザン・ラインが延長され、ロンドンへの通勤圏として計画された郊外住宅地。すぐ近くまでハムステッド・ヒースの緑地帯が広がっている。都市計画家アンウィンの思想が表れており、住宅地としては理想的な環境にある。中心にある2つの教会といくつかの建物の計画はラッチェンスが行った。

61 ハイポイント1・2 map C
Highpoint 1 and 2
❶Lubetkin and Tecton ❷1936, 1938
❸North Hill, N7

ロンドンの北、ハムステッド・ヒースの丘に連なるハイゲートに立つ7階建ての集合住宅。ハイポイント1の白い姿は、近隣の保守的な住民の反対運動があったため、ハイポイント2のデザインにはキャノピーの支柱に古典的な要素が加えられた。モダニズムとしては不可解なデザインだが、設計者リュベトキンがもつユーモアと解釈できる。

62 リーズ城
Leeds Castle

map A

❷12世紀-
❸Maidstone, Kent

イギリスで最も美しいといわれる城郭建築。12世紀初頭から建設され、ヘンリー8世が愛し、ロンドンの雑事から逃れるために訪れた場所でもある。庭園にあるメイズ（迷路）は、造園設計に長けたケイパビリティ・ブラウンによるものである。堀に浮かぶ白鳥を背景に立つ城の姿は、絵になる風景である。

63 ロイヤル・コリンシアン・ヨットクラブ
Royal Corinthian Yacht Club

map A

❶Joseph Emberton ❷1931
❸Burnham on Crouch, Essex

テムズ川の北海河口にある会員制ヨットクラブのためのクラブハウス。国際様式（インターナショナル・スタイル）のモダニズム建築では、イギリスで最も早い時期のものといわれている。内部の機能が外観に現れている機能主義建築で、特にテラスと外部螺旋階段部分のデザインに、機械的な印象を受ける。

64 カンタベリー大聖堂
Canterbury Cathedral

map A

❷1077-1503
❸Place St. Canterbury

6世紀来の歴史をもつ巡礼地であり、アングロ・サクソン人による教会跡に、最初のノルマン人司祭の命によってつくられた聖堂。その後長きにわたって増改築され、英国国教会の総本山となる。柱が林立する長い身廊、塔の下に広がる扇形ヴォールトの繊細さ、段差をもつ内陣など、イギリス・ゴシックを代表する大聖堂である。

65 ライの街並み
Rye

map A

❷13世紀
❸East Essex

13世紀以来、ドーバー海峡の重要な港として栄えた町であるが、フランスから幾度となく攻撃を受けた。それでも現在も当時の面影を残しており、坂道に沿って立つ家並みを見ながら歩くと、中世の町にタイムスリップしたような気がする。アンティークショップや古本屋などがあり、休日を過ごすのに理想的なスケールをもつ町である。

66 ヘイスティングズの網小屋
Wooden Net Shops

map A

❷19世紀
❸Hastings, East Sussex

ドーバー海峡に面する港町ヘイスティングズにある漁師のための網小屋。切妻屋根でコールタールが塗られた下見板張りの単純な造形がつくりだす風景は、バナキュラー（土着的）建築がもつ、生活に根づいた力強さが存在する。港町だけあって魚介類が美味しいので、フィッシュ・アンド・チップスはぜひここで食べてほしい。

67 ドゥ・ラ・ワール・パビリオン
De La Warr Pavilion

map A

❶E.Mendelsohn and S.Chermayeff ❷1933-35
❸Bexhill, East Sussex

海辺に建つリゾート施設。ドイツ人建築家メンデルゾーン特有の流れるような直線と円形階段で構成されたモダニズム建築である。改修をしながら地域のコミュニティセンターとして使われた後、2005年に現代美術センターとして再オープンした。

68 ロイヤル・パビリオン
Royal Pavilion
❶John Nash　❷1815-22
❸Old Steine, Brighton

map A

18世紀、ブライトンがイギリスの海辺のリゾート地として人気がでたのを機に、ジョージ4世が建築家ジョン・ナッシュにつくらせた、国王のための娯楽施設。たまねぎ形のドームが重なり合う外観は、イギリス人が抱くオリエント（東方）のイメージを具現化したもので、ナッシュの「どう、面白いでしょう」という声が聞こえるようである。

69 ウエスト・ピア
West Pier
❷1899
❸West Pier, Brighton

map A

鉄骨を使った華やかな様式の建物が付いた桟橋。ドーバー海峡に突き出たその姿は、しばしば映画のセットとして使われ、海を背景に哀愁をもった風景をつくりだしている。1975年から閉鎖され、ウエスト・ピア・トラストが再生活動を行っているが、火災や嵐などで崩壊が進んでいる。

70 エクセター大聖堂
Cathedral Church of St Peter
❷13世紀
❸Cathedral Close, Exeter

map A

13世紀、多くの大聖堂と同様にノルマン人によるサクソン人教会の破壊の後に建てられた大聖堂の一つ。その際、ノルマンの2つの塔は残された。そのため袖廊を拡げることはできず、中央塔のないイギリスでは例外的な形態をもつ大聖堂となった。建設がイギリス・ゴシックの全盛期にあたり、身廊は典型的な装飾式。

71 バーバラ・ヘップワース美術館
Barbara Hepworth Museum
❷1930年代
❸St.Ives, Cornwall

map A

イギリスの20世紀を代表する彫刻家、ヘップワースのアトリエを美術館として公開している。庭に置かれた彫刻は、石の力強い存在感と同時に、コーンウォールの風景に溶け込む不思議な魅力を持っている。付近にはバーナード・リートなど、この地にゆかりのある芸術家のアトリエや博物館があり、さながらフランスのプロヴァンスのよう。

72 ティンタジェル城址
Tintagel Castle
❷1240年代
❸Tintagel, Cornwall

map A

1240年頃に建てられた城の遺構。アーサー王伝説では王の生地といわれている。断崖絶壁からの眺めはサブライム（崇高）な感覚がある。5世紀、東地中海でつくられた多くの陶器片が見つかり、ここが貿易の重要な拠点であったことがわかった。近くに14世紀の家を使った郵便局があり、これはナショナル・トラストが管理している。

73 カースル・クームの家並み
Castle Combe
❷17世紀-18世紀
❸Castle Combe, Wiltshire

map A

コッツウォルズ地方を代表する集落の一つで、古い家並みの保存コンクールで何回も表彰されている。ブルック渓谷の谷あいにできた村で、中心を流れる小川に沿って住宅と店が集まっている。村の中心にマーケット・ホールとよばれる広場がある。また、少し外れた場所にホテルもあり、そこでティーを飲みながらくつろげる。

74 ソールズベリー大聖堂
Salisbury Cathedral
❷1220-58
❸Salisbury, Wiltshire

map A

イギリスで天国に最も近い場所といわれる大聖堂。十字形プランの上にある尖塔の高さが、当時イギリスで最も高い123mであったことによる。13世紀に建設され、初期ゴシック教会建築にみられる、尖った細い開口部を建物全体に有している。プロポーションが美しく、ターナーなどの画家によってよく描かれている。

75 ストーンヘンジ（遺跡）
Stonehenge
❷BC3000-
❸Off A303, Wiltshire

map A

イギリスで最も有名な巨石群の古代遺跡。紀元前3000年から1100年頃の間に徐々につくられたとされているが、はっきりした用途は不明。祭事に必要な天体観測のための装置であったとも考えられる。ブルー・ストーンという青みがかった色の石が使われ、周囲の風景とともに神秘的な雰囲気を放っている。

76 スタウアヘッド（庭園）　map A
Stourhead
❶Henry Hoare, Colen Campbell　❷1740年代
❸Stourhead, Wiltshire

18世紀につくられた風景式庭園の中で最もよく知られる。ヘンリー・ホアーによって1740年代に造園がはじまり、新古典主義様式のイタリアの教会、パラーディオ様式の邸宅などが、池の周囲にちりばめられている。回遊路からの眺めが正確に決められており、ピクチャレスクな風景をつくりだしている。

77 ロイヤル・クレセントとサーカス　map A
Royal Crescent and Royal Circus
❶John Wood and the Elder　❷1705-54
❸Royal Crescent, Royal Circus, Bath

18世紀に親子で活躍した建築家ウッドの息子が設計した三日月形の連続したテラスハウス。前面は芝生の公園で、高台にあるため素晴らしい眺望が得られる。すぐ近くに同じウッドの父による円形状のテラスハウスもあり、都市計画的な視点で設計されたことがわかる。外壁にはバースで採れる茶褐色の石が使われている。

78 グラストンベリー・アビィ（廃墟）　map A
Glastonbury Abbey
❷700年頃
❸Glastonbury, Somerset

ノルマン朝に建てられた寺院と修道院の遺構。イギリスで最も大規模なものの一つ。イギリスでは多くの修道院は16世紀、ヘンリー8世によって破壊されており、それらは18世紀ロマン主義の時代に廃墟趣味の対象となった。アーサー王の墓があることでも有名だが、あくまで伝説ということである。

79 モンタキュート・ハウス　map A
Montacute House
❷16世紀
❸Near Yeovil, Somerset

16世紀エリザベス朝時代を代表するカントリーハウス。この建物の最大の特徴である52mのロング・ギャラリーには、17世紀来の肖像画やタペストリーなどのコレクションがある。天気の悪い日は運動用に往復したといわれているほどにギャラリーは長い。ナショナル・トラストが最初に所有した2つの建物のうちの一つとしても有名。

80 スペクトラム　map A
Spectrum (Parts Distribution Centre for Renault U.K.)
❶Foster Associates　❷1983
❸Swindon, Wiltshire

旧ルノー配送センター。新車の配送センターとして新しい工業団地につくられた工場建築。高さ16mの傘状の鉄骨マストから吊り下げられる架構体が24㎡の単位で繰り返し用いられる。鉄骨は鮮やかな黄色に塗られ、軽やかな印象を与える。エントランス部分がガラス張りでそこから内部が窺える。イギリスが誇るハイテック建築の代表例。

81 オックスフォード大学博物館　　*map A*
Oxford University Museum
❶Deane & Woodward, John Ruskin　❷1855-60
❸South Parks Rd., Oxford

大学付属の自然史博物館。展示内容もさることながら、鉄柱を束ねた尖塔アーチにつながってできるガラス屋根の明るい中庭空間は、重々しい石づくりの外観からは想像できない。鉄による新しい空間と造形が、温室以外に試された建物として注目される。展示物の恐竜の骨と鉄骨の柱が不思議な調和を見せている。

82 同クライスト・チャーチ・カレッジ　　*map A*
Christ Church College, Oxford University
❶Christopher Wren　❷1682
❸Aldates Rd., Oxford

オックスフォード大学の中でも名門のカレッジ。イギリス歴代13人の首相を輩出している。当時おオクスフォードで一番の高さをもつ時計台を設計したレンもこのカレッジの出身で、ここでは建築ではなく天文学を学んだ。多くのカレッジ同様、外観は閉鎖的だが、内部に素晴らしいコート（中庭）がある。

83 同フロレイ・ビルディング　　*map A*
Florey Building, Queen's College, Oxford University
❶Stirling and Gowan　❷1968-71
❸St Clements St., Oxford

クイーンズ・カレッジ内の研究所施設。現代建築だが、古いカレッジと同じように、通りに対して閉鎖的で、中庭を囲んで緑地に開かれた構成。せりあがるボリュームとそれを支える柱の構成はダイナミックである。設計者のスターリングが主題としていたガラス、レンガの外壁、構造的合理性などが建物のデザインに表れている。

84 同シェルドニアン・シアター　map A
Sheldonian Theatre, Oxford University
❶Christopher Wren　❷1669
❸Broad St., Oxford

レンが建築家として最初に手がけた円形状の劇
場。デザインをローマのマルセルス劇場に倣った
といわれる。シェルドニアン司祭の寄付によって
つくられたのでこう呼ばれている。ここではオッ
クスフォード大学の伝統的な学位授与式が行われ
る。天井画には、宗教、芸術、科学を賛美する題
材が描かれている。

85 バイブリーの家並み　map A
Bibury
❷17世紀
❸Bibury, Glostershire

蜂蜜色の村として有名なコッツウォルズ地方の小
さな家並み。道路沿いにせせらぎが流れており、
大きなマスが泳いでいるのが見える。家並みと牧
草地を含めて保存地区に指定されている。週末と
もなると多くの観光客が訪れる。少しはずれにバ
イブリー・コートというカントリー・ハウスだっ
たホテルがある。

86 ケルムスコット・マナー・ハウス　map A
Kelmscott Manor House
❷1570年代
❸Kelmscott, Oxfordshire

ウィリアム・モリスがロンドンの住まいのセカン
ドハウスとして使うため、画家ロセッティととも
に借りた屋敷。もともと1570年頃に建てられた
家で、この地域で採れる石を使った外壁、内部の
調度品など、ほぼ原型をとどめており、モリスが
自身のユートピアとしてとらえた住環境を今でも
見て取れる。

87 グレート・コクスウェル・バーン　map A
Great Coxwell Barn
❷1200年代
❸Coxwell, Oxfordshire

13世紀、収穫の十分の一を税として農民が納め
るときにつくられた巨大な穀物倉庫。コッツウォ
ルズ地方で採れる石を素朴に乱積みした切妻屋根
の建物。中に入るとその石積みの間から漏れる光
によって教会と間違えるほど崇高な空間となる。
近くに住んでいたモリスが絶賛したところから、
ナショナル・トラストが所有し保存されている。

88 ブレナム宮殿　map A
Blenheim Palace
❶Sir John Vanbrugh, Capability Brown　❷1705-25
❸Woodstock, Oxfordshire

ヴァンブラが2番目に手がけたカントリー・ハウ
ス。イギリス最大規模を誇る。中庭を囲んで、大
小の建物のボリュームがシンメトリーに配置さ
れ、堂々とした風格を与えている。建物側にヨー
ロッパ式庭園と敷地全体にわたってイギリス式庭
園がある。チャーチル元首相の生家としても有名。

89 ストウ（庭園）
Stowe
❶John Vanbrugh, James Gibbs, Capability Brown
❷1593- ❸Buckingham, Buckinghamshire

map A

庭園づくりが盛んだった18世紀、風景式庭園の
代表的なもの。その特徴である、回遊路、ロトン
ダ、フォーリーなど、庭園のデザイン要素が見て
取れる。当時活躍した建築家ジョン・ヴァンブラ、
造園家ケイパビリティ・ブラウンなどが関わって
おり、特にブラウンは完成後10年間ここで庭師
として働いた。

90 レッチワース・ガーデン・シティ
Letchworth Garden City
❶Raymond Unwin ❷1903-12
❸Letchworth, Hertfordshire

map A

世界中に広がった田園都市計画の本家本元。今で
も当時の環境が守られており、美しい理想的な住
環境となっている。計画の歴史を展示している資
料館があり、一般の人でもその重要性を知ること
ができる。計画誕生100年を記念して、これから
のあり方を提案する設計競技が行われるなど、常
に歴史と未来を考えた計画がなされている。

91 ハーロー・ニュータウン ザ・ローン
Harlow New Town, The Lawn
❶Frederick Gibberd ❷1950-51
❸Mark Hall, Harlow

map A

第二次世界大戦後、イギリスで2番目に建設され
たニュー・タウン。ギバードが全体計画とマーム
ホール地区の集合住宅のデザインを担当した。敷
地に沿ってゆるやかにカーブする低層住宅の配置
と、レンガブロック仕上げの9階建てアパートは、
ピクチャレスクを意識した新経験主義とよばれる
北欧風のデザインとなっている。

92 スタンステッド空港
Stansted Airport
❶Foster Associates ❷1931-91
❸Stansted, Essex

map A

香港国際空港のデザインの源泉となったもので、
同じ建築家フォスターによる設計。ロンドンでは
3つめの空港として開港した。上部に広がった4
本の柱と傘状の屋根が1つのユニットとなり、そ
れが繰り返し用いられることで、広々とした空間
をつくっている。主にイギリス国内とヨーロッパ
便が就航している。

93 ウィルス・コラン・ビル
Willis Corroon Building
❶Foster Associates ❷1975
❸Princess St., Ipswich

map A

イングランドの地方都市イプスウィッチにあるオ
フィス・ビル。1970年代の建築であるにもかか
わらず、すでにイギリスの保存指定建築にリスト
アップされている。ブラック・ハーフミラーで構
成されたファサードは敷地の形状に沿ってゆるや
かな曲線を描き、そこに周りの建物が映ることで、
街並みに違和感なく溶け込んでいる。

94 ケンブリッジ大学歴史学部図書館 *map A*
History Faculty Library, Cambridge University
❶Stirling and Gowan ❷1964-69
❸West Rd., Cambridge

古い建物が多いケンブリッジのキャンパスの中で、ガラスの大屋根が架かったモダンな建物として異彩を放つ。3層吹抜けの空間の周りをL字形に教室が囲んでおり、明るい空間を実現した。ガラス以外の外壁にはイギリス的な赤茶のレンガタイルが貼られており、周辺環境との視覚的な調和が意図されている。

95 同トリニティ・カレッジ図書館 *map A*
Trinity College Library, Cambridge University
❶Chiristpher Wren ❷1676-84
❸Trinity St., Cambridge

カレッジ全体は、中庭を囲む典型的な構成。特に中庭の一つであるネビル・コートに面するレン設計の図書館は、1階をピロティ形式にして床をもち上げ、2階を階高のある図書室としている。図書室は古典的な様式を踏襲しながら、両側から光を十分に採り入れて、明るくしかも落ち着いた空間となっている。

96 同キングズ・カレッジ礼拝堂 *map A*
King's College Chapel
❶John Wastell ❷1446-1515
❸King's Parade, Cambridge

大学が本来宗教施設と深く関係していることがわかるカレッジ付属の教会建築。ゴシック様式の単廊形平面をもつ空間で、特に柱が接する天井部分のファン・ヴォールトの構造美は、見るものを圧倒し、イギリスの中で最も荘厳な空間となっている。国際的に有名なチャペル付属合唱団の本拠地でもあり、多くの演奏会が開かれる。

97 スミスドン・スクール　map A
Smithdon High School
❶Alison and Peter Smithson　❷1949-54
❸Hunstanton, Norfolk

ハンスタントン中学校として有名。設計競技によってスミッソン夫妻が設計した。鉄骨構造の学校建築は、ミースが設計したイリノイ工科大学校舎のデザインに影響を受けたものであるが、学校建築にしては斬新なプランが採用されている。その後、世界中に広がるニューブルータリズムというデザインの潮流の発端となった。

98 レスター大学工学部　map A
Engineering Faculty, Leicester University
❶Stirling and Gowan　❷1959-64
❸Mayor's Walk, Leicester

工学部の実験棟、講義棟がそれぞれ低層と中層ブロックとして構成された大学の校舎。完成後、「レスター参り」という言葉ができるほど、若い建築家に影響を与えた。実験棟のトップライトや講義棟のはね出し部分など、ロシア構成主義のデザインに影響を受けたといわれる。スターリングの初期の代表作。

99 コヴェントリー大聖堂　map A
Coventry Cathedral
❶Sir Basil Spence　❷1950-51
❸Baylay Lane, Coventry

第二次世界大戦中、工業都市であったためドイツの爆撃を受け壊滅した跡地に、戦後の設計競技で建設された大聖堂。廃墟となった聖堂の横に、鉄骨構造で格子状の天井の軽やかな空間をもつ聖堂がつくられた。教会空間がもつ総合的芸術性が意図され、彫刻家による作品も同時につくられた。

100 アイアンブリッジ　map A
The Ironbridge
❶Abraham Darby Ⅲ　❷1779
❸Telford, Shropshire

世界ではじめて鋳鉄でつくられた鉄橋。産業革命の中心となった地域にあり、現在この橋を含めて地域一帯が産業遺産として世界遺産に登録されている。アーチ状に架かる橋の姿は、細部まで装飾が施されており美しい。現在は歩行でのみ通行可能。この橋が架かるセバーン川の存在がイギリスを工業国にしたともいえる。

101 チェスターの街並み　map A
Chester
❷13-14世紀
❸Chester, Chestershire

イングランド中部の都市。紀元1世紀にはローマ人が駐留していた。それを示すように、城壁が町を囲んでおり、ブリッジのように歩いて町を一周できる。中心部にはハーフティンバーの木造建築が数多くあり、古くは13、14世紀頃に建てられている。1897年につくられた時計台は、町のシンボルとなっている。

102 メトロポリタン大聖堂 map A
Metropolitan Cathedral of Christ the King
❶Sir Frederick Gibberd　❷1962-67
❸Mount Pleasant Cathedral, Liverpool

リヴァプール市内にある2つの大聖堂のうち、現代建築風のデザインでつくられたカソリックの教会。もう一つの聖堂は英国国教の教会で、ゴシック風のデザインである。この2つは1kmほどしか離れておらず、その対比が面白い。伝統的な平面形態にとらわれることなく、中心性を意図した祈りのための大空間を実現。

103 テート・ギャラリー・リヴァプール map A
Tate Gallery Liverpool (Albert Dock)
❶Stirling and Wilford　❷1988
❸Albert Dock, Liverpool

旧アルバート・ドック倉庫。スターリングが手がけた港湾倉庫の建物を使った美術館。倉庫の外観と鉄骨構造には基本的に手をつけず、昔の空間を活かし、現代アートの展示スペースとして見事に再生させた。この地区のウォーターフロントの開発を進める上で重要な建物となった。また、港に面して19世紀の繁栄を示す大建築物も興味深い。

104 オリエル・チャンバーズ・ビル map A
Oriel Chambers
❶Peter Ellis Jr.　❷1864-65
❸Water St., Liverpool

19世紀における鉄骨構造の建物として非常にユニークな事例。通りに面する外観は、ガラスの出窓と鉄骨の柱によって構成されている。屋上部分は石によって装飾がなされており、19世紀に主流だった様式建築の影響も受けている。第二次世界大戦により後ろ半分は壊されたが、残った部分と調和するよう増築された。

105 ブラックプール海浜娯楽ビル map A
Blackpool Pleasure Beach Building
❶Joseph Emberton　❷1933
❸Princess Parade, Blackpool

社交ダンスの世界大会が開かれる町として有名な海浜リゾート地ブラックプールにある、カジノと娯楽施設。ドイツ人建築家メンデルゾーンの流れるようなデザインのモダニズム建築に影響を受けており、華やかなイメージをもつ施設となっている。ブラックプール・タワーとその下にある華やかなダンスホールも必見。

106 パーク・ヒル集合住宅 map A
Park Hill Housing
❶Sheffield Architect's Department　❷1961-66
❸South St., Sheffield

イングランド中部の都市シェフィールドの丘陵地に、住宅不足を解消するためにつくられた公共の集合住宅。敷地の高低差をたくみに使いながら、それぞれの住棟がバルコニーを兼ねる空中通路によって結ばれている。またこの通路は広めにつくられており、住民のコミュニケーションの場となることが意図された。

107 リンカーン大聖堂　map A
Lincoln Cathedral
❷1192-1280
❸Minister Yard, Lincoln

1066年から築かれたリンカーン城に続いて同じ小高い丘に建てられた大聖堂。急な石畳の坂道を登って仰ぎ見る大聖堂の姿は威容を誇る。豊富な装飾と53mの長さをもつ西側正面の水平性と、力強く立ち上がった鐘塔の垂直性が鋭い対比を示す。南・北袖廊の美しい模様のバラ窓から光がこぼれる。

108 ダラム大聖堂　map A
Durham Cathedral
❷1093-1130
❸Cathedral, Durham

初期ゴシックの中でも、イギリスで最も規模の大きな聖堂である。聖堂と大学は川に囲まれた地区にあり、落ち着いた佇まいの街となっている。聖堂内は、飾柱のついた巨大な柱が何本も立ち上がり、ゴシック教会独特の壮麗な空間となっている。近くに構造家アラップによる鉄筋コンクリート造の歩行者用の橋がある。

109 バイカー集合住宅　map A
Byker Redevelopment
❶Ralph Erskine　❷1968-80
❸Shields Rd., Newcastle-upon-Tyne

集合住宅を中心にした大規模再開発。設計者のアースキンは、退屈になりがちな集合住宅のデザインを、テラスや窓割りに変化をつけることで、外観に個性をもたせている。また、増築ごとに違ったデザインを取り入れながら、周囲の風景と調和した楽しい街づくりが行われている。モダニズムの画一的デザインに一石を投じた集合住宅。

110 コンウィ城とテルフォード・ブリッジ　map A
Conwy Castle and Telford Bridge
❶Thomas Telford (橋)　❷1826(橋),
❸Castle Square, Conwy, Wales

北ウェールズの玄関口にある小さな町コンウィには、いかにもイギリスにはめずらしく城と城壁が完全に残っている。城は21の見張り台と3つの城門から構成されている。城の手前の町の入口に橋が3本架かっており、真ん中の橋は、橋梁技術者テルフォードが設計したことで知られる吊り橋である。

111 ヘイ・オン・ワイの街並み　map A
Hay-on-Wye
❷17世紀
❸Hay-on-Wye, Powys, Wales

全体が古書店となっている町であり、多くの古本好きが世界中から集う場所である。東京の神田神保町に比べれば規模は小さいが、教会、広場、小道を使った本の展示は、町と古本が一体となった感じがあり、一日いても飽きない。交通の便の悪さが、逆にこの町のゆったりとした時間をつくりだしているのだろう。

112 ロイヤル・マイル（エディンバラ旧市街）map A
Royal Mile (Old Town)
②17世紀-
③Castle Hill, High Street, Edinburgh

エディンバラ城からホルリード宮殿に至るまでの地区はロイヤル・マイルと呼ばれ、旧市街の中でもゆるやかな坂道とともに独特の街並みを形成している。聖ジャイルズ大聖堂やグラッドストーンズ・ランドという17世紀につくられた6階建ての長屋、その西端にはゲストハウスだったホルリード宮殿などがある。

113 ジョージアン・ハウス（エディンバラ新市街）map A
Georgian House (New Town)
①Robert Adam ②1790年代
③Charlotte Square, Edinburgh

新市街といっても18世紀に建設された、三日月状や円形状のテラスハウスと格子状の建物で構成された街区である。その中心にある、ロバート・アダムが設計したジョージアン・ハウスは、ロンドンに多くみられるジョージアン様式テラスハウスの典型である。装飾が抑制されているので、モダンなデザインに通じるものがある。

114 エディンバラ城 map A
Edinburgh Castle
②12世紀
③Castle Hill, Edinburgh

小高い丘に12世紀から建てられた城は、高くそびえる幻想的な姿でエディンバラを象徴する景観をつくりだしている。城の駐車場広場でのミリタリ・タトゥー（楽団行進）は、夏のフェスティヴァルの風物詩となっている。夕闇せまるエディンバラ城を背景に鳴り響くバグパイプの音色は、勇壮さとともにスコットランドの物悲しさを奏でる。

115 国立スコットランド美術館　map A
National Gallery of Scotland
❶W.H.Playfair　❷1859
❸The Mound, Edinburgh

エディンバラは別名「北のアテネ」とよばれるほど、古典的でアカデミックな町とされる。その文化的な雰囲気を伝えるかのように、旧市街と新市街の間の緑の谷に国立美術館がある。ギリシア古典主義様式でつくられている。また、市内を見渡せるカールトン・ヒルのモニュメントもギリシア神殿を模している。

116 フォース鉄道橋　map A
Forth Railway Bridge
❶Sir John Fowler & Sir Benjamin Baker　❷1881-90
❸South Queensferry

エディンバラの北西フォース湾にかかる1890年に完成した全長1.6kmの鉄橋。今でも鉄道橋として使われている。列車が通る際に轟音が響き渡る。800万以上のリベットで接合された鉄パイプの吊り橋は、造形的な迫力があり、近くにある1964年に道路のためにつくられた華麗な新橋と好対照をなしている。

117 クルロスの街並み　map A
Culross
❷6世紀-
❸Fife

6世紀に宗教的な中心地であった小さな町。塩の精製と石炭産業で発展した。17～18世紀につくられた建物がそのまま残っており、黄色い壁とオレンジの瓦屋根が特徴的なブルース宮殿は16世紀につくられ、町の中心であった。この宮殿は現在、博物館として当時の様子がわかるように保存されている。

118 スターリング城　map A
Stirling Castle
❷15-16世紀
❸Castle Wynd, Stirling

エディンバラ城と同様、小高い岩山の頂上に、15～16世紀に建てられた。スコットランド王として有名なメアリー女王やジェームズ6世などの王族がこの城で過ごしている。スコットランドに残るルネサンス様式建築として有名で、端整な姿を見せている。アーサー王がサクソン人から奪い取ったという言い伝えがある。

119 ヒル・ハウス　map A
Hill House
❶Charles Rennie Mackintosh　❷1902-04
❸Upper Colquhoun St., Helensburgh

名前の通り、遠く入江を望む丘の上に建つ住宅。マッキントッシュの代表作の一つ。周囲は高級住宅地。外観は民家風だが、内部空間は繊細な感覚で統一されている。2階の真っ白な寝室は、彼の家具と同様、実際に使うというより、眺めることを意識してつくられている。ナショナル・トラストが管理しており一般に公開している。

120 ニューラナークの街並み
New Lanark

map A

❷1785-1800
❸New Lanark, Strathclyde

実業家デイヴィッド・デイルによって建てられた、クライド川の水力を利用した紡績工場群。後に空想社会主義者ロバート・オーエンによって経営が受け継がれ、居住施設などが建設され、労働者のユートピア(理想郷)となった。現在は、産業遺産として保存され、当時の様子がわかるように、敷地全体が博物館となっている。

121 グラスゴー美術学校
Glasgow School of Art

map A

❶Charles Rennie Mackintosh ❷1896-99/1907-09
❸Renfrew St., Glasgow

マッキントッシュの代表作で、イギリスでも歴史のある美術学校。現在はグラスゴー大学に所属している。急な坂の上に位置し、坂に面した姿は、スコットランドにある城のイメージを彷彿させる。シンボリックなエントランスから木造の階段を2階に上がるとトップライトから豊かな光がこぼれ落ち、その空間に思わずため息が出る。

122 ウィロー・ティールーム
Willow Tea Room

map A

❶Charles Rennie Mackintosh ❷1903-04
❸Sauchiehall St., Glasgow

グラスゴーにあるティールーム。マッキントッシュの特徴である、白い空間、丸みのあるヴォールト天井、植物的装飾、家具、絵画作品などをお茶を飲みながら気軽に体験できる。通りに面した外観は2階部分のゆるやかなふくらみをもつ外壁と1階部分の入り込みが対照的だが、全体に小さく目立たないため通り過ごしてしまわないよう注意。

map D | ダブリン DUBLIN

コノリー駅
Connolly
Station

Amiens Street

Custom House Quay
カスタム・ハウス
Custom House **6**

ターラ・ストリート駅
Tara Street
Station

ピアーズ駅
Pearse
Station

Lombard St.

Merrion
Square

Bagott Street Lower

Gardiner St. Lower

Talbot St.

Tara St.

Pearse St.

ナショナル・ギャラリー
National Gallery
国立博物館
National Museum **5**

Kildare St.

Leeson St. Lwr.

Eden Quay

Burgh Quay

Nassau Street

トリニティ・カレッジ
Trinity College **1**

Dawson Street

セント・スティーブンス・
グリーン
St. Stephen's
Green

Iveagh
Gardends

O'Connell Street

中央郵便局
G.P.O. **7**

Henry St.

アイルランド銀行
Bank of Ireland

Abbey Street

ハーフ・ペニー橋
Half Penny Bridge

TEMPLE BAR

Grafton Street

St. Stephen's

Harcourt Street

Parnell Street

Bolton Street

Capel Street

Dame St.

シティ・ホール
City Hall **2**

ダブリン城
Dublin Castle

Anglier Street

Camden Street

ダブリン市庁舎
Dublin Civic Offices **3**

Edward St.

クライスト・チャーチ大聖堂
Christ Church Cathedral

Bride St.

Church Street

フォー・コーツ
Four Courts **8**

Inns Quay

High St.

リフィ川

Bridge St.

聖パトリック大聖堂
St. Patrick Cathedral **4**

Patrick Street

Francis St.

New Street

King Street

Queen Street

River Liffey

Usher's Quay

Bridgefoot St.

Meath St.

Dean St.

The Coombe

Stoney Batter

Blackhall Pl.

法律協会
Low
Society

Wolfe Tone Quay

Victoria Quay

Watling St.

Thomas Street

Marrowbone Lane

Cork Street

*TENTER
FIELDS*

BELLEVILLE

コリンズ・バラックス美術館
Collins Barracks
Museum

Infirmary Road

ヒューストン駅
Heuston Station

St. John's Road West

James's Street

Steaven's La.

フェニックス公園
Phoenix Park

アイルランド
近代美術館
Irish Museum of
Modern Art **9**

10

N

0 100 200   400 M

1 トリニティ・カレッジ　　map D
Trinity College
❶W.Chambers 他　❷1752-98
❸College Green, Dublin

1592年にエリザベス1世によって創設されたアイルランドの最高学府。多くの建物が18世紀につくられているが、特にヴォールト屋根の図書館は、長さ64mあり、アイルランド文学をはじめ知の殿堂といったところ。それぞれの建物が四角形の中庭を囲んでおり、イギリス、オックスフォードなどのキャンパス形態に倣っている。

2 シティ・ホール　　map D
City Hall (Royal Exchange)
❶Thomas Cooley　❷1769-79
❸Edward St., Dublin

アイルランドではじめてつくられたあらゆる物品を取引するための施設。1852年にダブリン市のものとなり会議場として使われていた。2000年に改装され新たにオープンした。18世紀イギリスで流行したパラーディオ様式でつくられ、中心のドームと両脇の楕円形の階段室が華麗な空間をつくりだしている。

3 クライスト・チャーチ大聖堂　　map D
Christ Church Cathedral
❷1172
❸Christ Church Place, Dublin

アイルランド国教会として1038年木造の教会が建てられた後、1172年石造の聖堂として建てられた。25mの高さをもつ主廊は、初期ゴシック様式のアーチの天井が架かっている。聖堂北側には、建立当時の石の壁が残っており、50cmほど傾いている。地下礼拝堂は中世の地下礼拝堂の中でも最大規模を誇る。

4 聖パトリック大聖堂　　map D
St. Patrick's Cathedral
❷1191
❸St. Patrick's Close, Dublin

アイルランドで最大規模の聖堂である。最初は木造だったが、1191年に石造の聖堂として建てられた。初期ゴシック教会の様式を踏襲しながら、壮麗な内部空間をもつ。複雑な宗教的背景をもつアイルランドの中でのプロテスタント教会の一つであり、また、1320年から1520年までアイルランド最初の大学としても使われていた。

5 ナショナル・ギャラリー・ミレニアム棟　map D
Millennium Wing National Gallery of Ireland
❶Benson and Forsyth　❷2002
❸Clare St., Dublin

1980年代後半に行われた既存部分改修を機に、1996年に実施された設計競技によってつくられた増築棟。クレア通りに面する外観は、トリニティ・カレッジやメリオン・スクエアに合わせて白いポートランドストーンが使われた。入口に続いてギャラリーが面する吹抜け空間があり、中庭を配することで既存建物とつなげている。

6 カスタム・ハウス
Custom House
map D

❶James Gandon　❷1781-91
❸Custom House Quay, Dublin

イギリスの建築家ジェイムズ・ガンドンによって
つくられた税関事務所。ダブリン市内を流れるリ
フィ川に沿って建ち、青いドームを中心にもつジ
ョージアン様式の建築。シンメトリーで堂々とし
た姿が特徴。当時建設反対派の妨害を受けながら
工事が進められ、そのためガンドンは現場にくる
際、武装していたといわれている。

7 中央郵便局
The General Post Office
map D

❶Francis Jonston　❷1818,
❸O'Connell St., Dublin

堂々としたイオニア式の玄関部分をもつ新古典主
義様式の郵便局。3層構成の壁面にジョージアン
様式のシンプルな窓がついている。建築的な意味
あいより、むしろ政治的にアイルランドの独立を
象徴する建物となっており、1916年のイースタ
ー蜂起の際にはアイルランド義勇軍の司令部とな
った。

8 フォー・コーツ
Four Courts
map D

❶Thomas Cooley, James Gandon　❷1776-1802
❸Meetinghouse Lane, Dublin

王立取引所のクーリーとカスタム・ハウスのガン
ドンの2人の建築家が設計した4つの異なる裁判
所を有する施設。新古典主義様式の建築でありな
がら、ドーム屋根をもった円形のロトンダが迫力
ある造形となっている。1930年代のアイルラン
ド内戦で砲撃を受け破壊されたが、その後もとの
形に修復された。

9 アイルランド近代美術館（IMMA）
Irish Museum of Modern Art
map D

❶David Marks and Julia Barfield　❷17世紀／1991
❸Kilmainham, Dublin

旧王立キルメナム病院。17世紀に建てた病院を、
1940年代以降の芸術を対象にした美術館として
改修し、1991年に開館した近代美術館。オリジ
ナルの建物の様式は、パリのアンヴァリッドに倣
っている。2階建ての中庭を取り囲む平面配置を
使い、ギャラリーとして見事に再生した。地下に
は居心地のいいブックショップとカフェがある。

10 国立植物園と温室
National Botanic Gardens, Palm House
map D

❶Richard Turner　❷1843-69
❸Glasnevin, Dublin

ダブリン市北の郊外に1795年開館した国立の植
物園。広大な敷地に約2万種の植物が育っていて、
休日には多くのダブリン市民の憩いの場となって
いる。19世紀半ばにロンドン、キュー・ガーデ
ンのパルム・ハウスを手がけたR.ターナーによっ
てつくられた鋳鉄製の温室（グラスハウス）があ
ることで知られる。

11 グレンダー・ロッホ 初期キリスト教会群　*map A*
Glendalough Incipient Church
❷6世紀-
❸Glendalough

6世紀に聖ケヴィンがここで修行したのがはじまりとされる地域で、アイルランドにおける初期キリスト教の聖地として発展した。周りを深い森に囲まれた静寂な土地にひっそりと立つ石造の教会群と、点在するアイルランドの象徴であるケルト十字架が織り成す風景は、訪れた人を1500年前にタイムスリップさせてくれる。

12 ニューグレンジとタラの丘（遺跡）　*map A*
Newgrange and Hill of Tara
❷BC3200
❸Newgrange

イギリスのストーンヘンジに並ぶ古代遺跡。ふっくらと盛り上がった古墳を中心に、その南側に紀元前ケルト人の聖地とされたタラの丘がある。遺跡周辺の石には、渦巻き模様の装飾が施されており、後のケルト十字の紋様とつながりがあることがわかる。この地域はアイルランド系アメリカ人の心の故郷であり、映画の題材によく使われる。

13 セント・メアリーズ大聖堂　*map A*
St.Mary's Cathedral
❶A.W.N. Pugin　❷1842-49/1912
❸Killarney, Co Kerry

ゴシック様式が唯一真のキリスト教の建築形態であるとしたゴシック主義者ピュージンによって設計されたアイルランドにある聖堂のうちの一つ。アイルランドの飢饉の影響で完成にはピュージンの死後半世紀以上かかったが、すっきりした外観と中世の礼拝形式に従い、内陣仕切りと側廊をともなった内部空間を実現している。

ソールズベリー大聖堂の身廊

テーマのある旅 ❶
イギリスの中世の大聖堂を巡る

星 和彦（前橋工科大学名誉教授）

イギリスでは、中世の大聖堂がたたずまいを圧倒するという光景をあまり目にすることはない。中世、とくに12世紀からのゴシック時代、カテドラル建設が都市と市民の活力のシンボルとなり、建物自体がいまなお都市をも象徴しているフランスのシャルトル、イタリアのフィレンツェなどとは異なる情景といえるだろう。それは、イギリスの大聖堂が、フランスなどに比べると高さが総じて低いことによる。また中世の大聖堂はその多くが、イギリスでは修道院と切り離せない存在であったことにも関係している。廃墟となった場合を除いても、大聖堂は街並みを形成するのに不可欠とはいえず、むしろ風景のなかに溶け込んでいるように見えるところに、イギリス的な光景があるといえる。しかし修道院は市民や都市からは隔てられていたものの、富の豊かな世界であった。そのことが、16世紀に起きたイギリスの宗教改革の引き金となる。改革を断行した国王ヘンリー8世の狙いは、離婚と同じく、修道院の財産にあったからだ。

こうした中世、ゴシックの大聖堂のイギリスにおける特徴はどこに見ら

れるであろう。初期イギリス式、装飾式、垂直式と展開するイギリスのゴシック大聖堂を各地に訪ねてみよう。

●初期イギリス式大聖堂

イギリスで最も古いゴシック大聖堂のひとつ、**カンタベリー大聖堂**を訪れてみよう。ロンドンの南東約80キロにあるカンタベリーは、6世紀末に修道院が設けられ、また教区の中心となる司教座が置かれ、12世紀からは巡礼地にもなったいわば聖地で、カンタベリー大主教はいまもイギリスの宗教界の重要な位置を占めている。12世紀前半に完成した大聖堂は50年も経たないうちに火災に遭い、再建されることになった。そして、その頃フランスで開花し始めていたゴシック様式が、イギリスで最も早く取り入れられた。

現在も12世紀の面影を伝えるのは、祭壇の置かれた内陣である。鋭い尖頭アーチ、天井の交差リブ・ヴォールト（ここでは六分ヴォールト）、大理石製の柱などが特色に挙げられ、簡素だが力強い印象を与えている。一方、後の時期の身廊の天井はリブが木の枝のように拡がり、外観で最も目を引く交差部のベル・ハリー・タワーではアーチが反転曲線を描き、さらに塔内部

の天井は、身廊よりもいっそう手の込んだリブの組み立て方法をとった。この大聖堂は、華麗さと繊細さも兼ね備えている。

イギリスにおけるゴシック建築の歴史は12世紀後半から16世紀半ばまでと、ヨーロッパではいちばん長い。それゆえ、同じゴシックといわれる表現でも、実際にはずいぶん異なって感じられる。そのうえ、大聖堂の建設には長い時間がかかる。カンタベリーの力強さのある内陣は初期イギリス式と呼ばれる、ゴシック初期の様式であるのに対して、身廊などの華麗さには14世紀後期からの垂直式の特徴がよく示されている。この大聖堂では、ゴシックの多様な表現を楽しむことができるだろう。

ゴシック大聖堂は、このようにいくつかの様式が継ぎ足されて建設されることが多いが、**ソールズベリー大聖堂**は逆にほぼひとつの様式でまとめられた例に挙げられる。ソールズベリーはロンドンから南西120キロほどのところに位置し、古くから軍事的、政治的、宗教的に重要な都市であった。この大聖堂は交差部の高くそびえる中央塔を除くと13世紀に50年足らずの間に建てられた。真ん中が高く左右は低い、尖り方の鋭い3連アーチ窓が、正面や身廊などの採光用の高窓層に繰り返し用いられ、身廊の天井もリブが単純に交差する四分ヴォールトが架かる。いくぶん単調で洗練されているとは言い難いが、はつらつとした表現で、初期イギリス式の均整感が形づくられている。

イギリスにおける大聖堂のこのほかの特色をソールズベリーに見ると、中央塔を戴く交差部に加え、もうひと

▲カンタベリー大聖堂：南西側外観（左）、初期イギリス式の特徴を示す内陣部分（右）

つ交差部をもうけているため、堂内の奥行きへの方向性が強められていることが挙げられる。また、大聖堂の南側には、回廊と八角形の平面をもつ参事会堂が配置されており、修道院の趣を伝えている。参事会堂は修道士や司教とともに大聖堂の運営にあたる参事会員の会議や集会を行う建物で、たいていこのように正八角形の平面をもっている。ソールズベリーは、様式と構成の統一感が印象的な大聖堂である。

イングランド東部の都市リンカーンは、ロンドンから北に約200キロ離れ、古来交通の要衝で、商業都市として発展してきた。**リンカーン大聖堂**は、11世紀の建築の部分が一部残るほかは、12世紀末以降に再建され、おもに初期イギリス式が採用されている。ゴシック大聖堂というと、塔とく

に西正面に並び立つふたつの塔をイメージしがちである。リンカーン大聖堂の外観で目立つのは、衝立状に拡がる正面である。その幅は大聖堂自体よりも大きく、家並みを超えてどこからも目に入り、大聖堂を印象づける要素となっている。さらに、内部の天井にも興味深い表現がとられている。内陣部分のヴォールトは、リブが柱から柱に架け渡されていない。一方の側面から始まったリブは、峰リブ（天井頂部を奥行き方向に延びる直線的なリブ）と交わり、位置と角度を変えて反

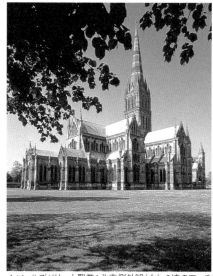

▲ソールズベリー大聖堂：北東側外観（左）、3連のアーチの高窓がある身廊（上）、初期イギリス式の身廊（右）

対側の柱へ連なっていく。リブがヴォールト面を支えるように見える、ゴシックの理にかなった表現とは少々異なっている。「クレイジー・ヴォールト」と呼ばれるこの方法には、その後に展開されるイギリスに特有なゴシックの表現をすでに見ることができる。

●装飾式大聖堂

ロンドンから南西に240キロほど行ったイングランド南西部の都市、エクセターはケルト時代からの歴史をもち、古代ローマ時代以降、交通と後に羊毛業の拠点となった。**エクセター大聖堂**は、創建が12世紀にさかのぼれる建物で、交差部に載る塔はその時期の遺構だが、13世紀末から14世紀前半にかけて内部が再建された。

内部の印象は、これまでの大聖堂とはかなり異なっている。柱から始まる

ヴォールトのリブは、峰リブや、柱と柱を結び身廊を横断するリブに交わって延びていく。あたかも太い幹から数多くの枝が拡がっていくように、柱とリブが内陣のほうへ、また相対する身廊の壁面を覆っていく。再建当初は、身廊とその左右の側廊を隔てる大アーケードの上は高窓になっていたといわれている。現在でも、奥行き方向、また高さ方向にも、一体感の強い表現となっているが、当初はそれがもっと顕著だっただろう。こうした特色は、装飾式ゴシックと呼ばれる。

イギリスではゴシックが、初期イギリス式、装飾式、垂直式と変転する。装飾式は、ほかのふたつに比べて時期が短く、実例も多くはないが、イギリスのゴシック建築の独特な表現が確立されていく過程で、重要な時期といえる。

▲リンカーン大聖堂：塔がそびえる西側外観

▲エクセター大聖堂：装飾式の特徴を示す身廊

●垂直式大聖堂

ケンブリッジは、オックスフォードと並ぶ大学都市として知られている。そのキングズ・カレッジに、国王ヘンリー6世は**キングズ・カレッジ礼拝堂**を開設し、15世紀半ばから16世紀初めにかけて、ときに中断されながらも建造された。平面は長方形で、内陣と外陣が明確に分けられていないため、堂内はひとつの大広間を形づくることになる。外観も東西の面は同様な構成をとり、側面はバットレス（建物を外側から支持する壁）とピナクル（小尖塔）が規則的に分割するという、全体に簡潔なまとまりをもっている。正面や側面の窓は、壁面に大きく拡がる曲線のゆるやかなアーチ窓で、そのなかを縦横に桟が分割している。そして垂直式という名称の由来ともなった、昇高性を強調する垂直の桟が、狭い間隔

で並べられている。

内部の天井は、柱の頂部を起点にリブが同心円を描くように拡がり、窪んだ円錐形が形づくられている。こうして形成された、あたかもトランペットの先端を逆さにしたような局面を互いに交わるように並べて、天井面が形成される。こうした天井の架け方をファン・ヴォールト（扇状ヴォールト）と呼ぶ。ヴォールトの曲面はさらに細かいリブや彫刻などで華麗に装飾が施され、垂直式を代表する例となっている。ファン・ヴォールトにより視覚的に一体感の強調されたキングズ・カレッジ礼拝堂は、幅が12メートルほどに対して高さが24メートルあまりと、平面的にも立面的にもけっして大規模とはいえないが、実際の規模以上の印象を与えるといえるだろう。

首都ロンドンの**ウェストミンスタ**

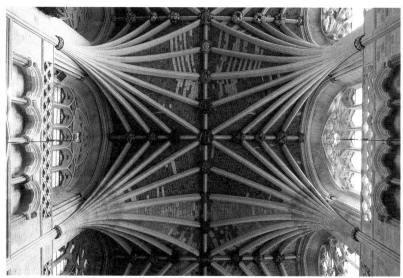

▲エクセター大聖堂：身廊天井を見上げる。天井中央に峰リブが延びる

ー・アビィ（修道院）は、歴代国王の戴冠式が挙行されるなど王室と関係が深く、現在は国家的な霊廟の役割も果たしている。もともとは11世紀創建の修道院に付属する大聖堂で、それが13世紀から建て直されることになった。はじめ再建にあたったのは、フランスのゴシック様式に精通した建築家で、大アーケードや高窓からなる3層構成の身廊壁面はきわめてフランス的といえる。ヴォールトの高さも31メートルとイギリスでは最も高く、その身廊を支えるフライング・バットレス（建物の壁を支える弓形のアーチ梁）が外側に備えられ、この点もフランスのカテドラルを彷彿させる。大聖堂の南側には、13世紀の回廊と八角形の平面をもつ参事会堂がいまも残り、修道院の雰囲気が醸し出されている。

　内陣の東側には、16世紀にヘンリー

▲キングズ・カレッジ礼拝堂：キャム川から見た外観（上）、西側外観（中）、バットレスとピナクルで規則的に分割された北側外観

7世礼拝堂が設けられた。この天井も
ファン・ヴォールトだが、キングズ・カ
レッジより一層工夫されたつくりとな
っている。天井面を横断して両側面を
結ぶアーチの壁面に近い部分にペンダ
ントを垂らして、それを起点にリブが
始まるのである。つまり、中空からリ
ブが天井に延びていくため、交差リブ・
ヴォールトとはまったく異なる空間性
がここに実現されることになった。

▲ウェストミンスター・アビィ：ヘンリー7世礼拝堂

　教会堂は神の家としての意味をも
ち、神の国の地上における表現でもあ
った。イギリスでは、神のための空間
の実現を、大聖堂の高さの追究に結び
つけなかった。むしろ空間的な豊かさ
をどのように表現するかを求めたと
いえる。その方向性が、柱により区分
されず、側面から天井まで連続したフ
ァン・ヴォールトによって、この世の
ものとなったのである。

▲ウェストミンスター・アビィ：回廊と参事会堂

▲ウェストミンスター・アビィ：北側外観（左）、身廊を外側から支えるフライング・バットレス（右）

上・ウエスト・ウィコム：庭園とカントリーハウス
下・カースル・ハワード：グレートレイクからカントリーハウスを見る

テーマのある旅 ❷
風景庭園とカントリーハウスを巡る

田路貴浩 (京都大学教授)

建築や街並みを楽しむ旅を続けてきたあなたが、イギリスの風景庭園を目にすると、はじめ少しとまどうかもしれない。というのも、広大な庭園には見るべき建物はほんの数えるほどしかないからである。変わった建物、面白い建物を探そうとするなら、風景庭園はその期待を裏切ることになるだろう。だから風景庭園を楽しむには、物を見るのではなく、物と物の「あいだ」を見なければならない。もっと言えば、「見る」のではなく、「感じる」必要がありそうだ。

もちろん、ほとんどの風景庭園には立派なカントリーハウス（カントリーといっても粗末な田舎小屋ではなく、地方領主の邸館である）があり、大小さまざまな四阿や立柱、彫像がある。しかし庭園を眺める視野の大半を占めるのは、緑の芝生、うねる牧草地、静かな湖、そして大空である。大空には雲がつぎつぎと流れ、その影がなだらかな丘を一気に駆け上っては下りていく。目の中心に見る物を据えるのではなく、視野の隅々までを感じとることで初めて庭園を十分に楽しむことができるだろう。いや、むしろ静かに目を閉じて、しばし芝生の上で昼寝をすること、これが風景庭園を楽しむ最上の方法かもしれない。

●整形庭園から風景庭園へ

ところで、イギリスの風景庭園とはなんだろう。一般には自然の風景のようにつくられた庭園と思われている。これで間違いではない。ただし事情はもう少し複雑である。

そもそも田舎のお屋敷のまわりに庭園がつくられるようになるのは、16世紀のイタリアでのことである。そうした庭園は幾何学的に構成されていて、植込みや花壇なども整形に整えられていた。イタリア庭園をさらに大規模に拡大したのは、17世紀、ヴェルサイユ宮殿の造園家ル・ノートルである。

これら整形庭園はイギリスにも広まったのだが、18世紀の初め頃からしだいに不整形なデザインがあらわれるようになる。ただしそれはまだわざとらしい技巧的な曲線であった。ところで、この頃の庭園は記号であふれていた。庭園におかれた四阿や彫像などには古代ギリシア・ローマの文学に基づく故事が隠されていて、庭園の訪問者たちはその謎解きに興じた。そのような庭園は「エンブレマティック・ガーデン」と呼ばれることがある。その代

表はなんといってもストウであろう。しかし次第に人々は庭園に隠された意味よりも風景そのものに目を向けるようになる。そして人工の跡形をまったく残さない、まるであるがままの自然の風景のような庭園がつくられるようになる。その先駆者がウィリアム・ケントであり、完成者が当代きっての造園家ランスロット・ブラウンである。ブラウンは庭園からいっさいの記号を取りのぞいたのだった。しかし彼の死後まもなくして、反動が一挙にあらわれる。ブラウンの庭園は美しいが退屈だというのだ。庭園には目を喜ばせるための珍しい植物が移植され、庭園の構成には意外性が求められた。いわゆる「ピクチャレスク」の庭園である。18世紀の世紀末は風景庭園の終焉でもあった。

●整形庭園の名残：ロンドン近郊の庭園
チズウィック（地図①）はロンドン西方の郊外に位置している。この庭園の見所は、なんといってもハウスであろう。これはパラーディオの有名な四面同形建築、ラ・ロトンダの縮小コピーといわれている。デザインはイタリア

▼チズウィック：カントリーハウス

旅行でパラーディオ熱に冒されてしまったバーリントン卿で、ケントがアシスタントを務めた。庭園もおもにバーリントン卿とケントによるものである。

　ところで、風景庭園はしばしば「重ね書きの庭」といわれる。建物なら作者がはっきりしている。ふつう一つの建物には一人の建築家がいる。ところが、風景庭園は事情がまったく違っていて、異なる造園家がつぎつぎに改造（彼ら自身は「改良」と言ったが）している。おまけに相手は自然である。造園当初はまばらだった樹林も、いまでは鬱蒼と生い茂っている。だから風景庭園の作者はいったい誰なのか、なかなか特定しがたい。

　クレアモント（②）もそうした重ね

▲クレアモント：対岸正面が劇場

▲ウエスト・ウィコム：カントリーハウスと遠方の丘の上にあるマウソレウム

◀スタウアヘッド：パンテオンとパラーディオ風の橋
▲クロード・ロラン『アイネイアスのいるデロス島の海辺』

書きの庭のひとつで、ブリッジマンの整形庭園をケントが自然風にくずしている。入るとまずブリッジマンによる劇場があらわれる。これはヴァチカンのベルヴェデーレを模したものといわれるが、なんとも不思議なかたちである。丘の上には、まさに城塞風のベルヴェデーレがある。

ロンドンとオックスフォードの中程にある**ウエスト・ウィコム**（③）は、2つの丘とそのあいだの窪地の池で構成されている。丘の上にはそれぞれハウスとマウソレウム（墓陵）がそびえ、まさに絵のような風景が園内いたるところに発見できる。

●**エンブレマティック・ガーデンの精髄**
風景庭園の旅、最大の見所はスタウアヘッドとストウの2つの庭園だろう。

スタウアヘッドへは、ゴシックの大聖堂で有名なソールズベリーを足場にするのがいい。そこからはストーンヘンジに行くこともできる。

スタウアヘッド（④）は、古代の物語をあらわす記号に満ちた庭園であ

▼ストウ：古代徳神殿から英国名士の神殿を見る

る。丘の上にはハウスが構えられているが、庭園の中心は丘を下った谷につくられた池である。この池の周囲に、古代ローマの偉大な詩人ウェルギリウスの叙事詩『アエネーイス』の物語が再現されているというのである。『アエネーイス』とは、トロイの木馬でギリシア軍に破れたトロイの武将アイネイアスが祖国を追われて地中海を放浪し、ローマ建国の祖となるという物語である。ハウスから坂道を下って池のほとりに出ると、そこには17世紀の画家クロード・ロランの『アイネイアスのいるデロス島の海辺』（1672）をそっくりそのまま再現した風景に出くわす。眼前のパンテオンと呼ばれる

建物は、クロードの絵画そっくりであるが、それはまたアイネイアスの旅の終着地、ローマをあらわしてもいる。先に進むとグロット（人工的な岩屋）があらわれるが、それはアイネイアスが亡き父に出会う冥界である。

　ストウ（⑤）はオックスフォードから日帰りできる場所にある。途中、バッキンガムの中心街を抜けると、道はやがて延々とまっすぐに延びるストウ・アヴェニューとなり、彼方にコリント式アーチがあらわれる。庭園の入口はそこではなく、大きく回り込むことになるのだが、ここからハウスと庭園を望む風景は見逃せない。この庭園は、じつはいくつかの庭園の集合体

で、それぞれが回遊式の庭園になっている。冥界の雰囲気を漂わせるイリジアン・フィールド（楽土、つまりあの世）、赤茶色のゴシック神殿が際立つホークウェル・フィールド、パラーディオ風の橋が架かる池、円形神殿風のロトンダから見渡されるホーム・パークである。最後にハウスに入って、そこから南のヴィスタを眺めると、最初に庭園に入る前に見た風景の見返し、コリント式アーチを遠望する風景に出会う。とくに、夕刻の斜めの光線が与える深い陰影が印象深い。

●オックスフォード周辺の庭園

オックスフォードからの日帰り旅行では、ストウの他にラウシャムとブレナ

▼ブレナム宮：カントリーハウスの東面を遠くに見る

ム宮の2つの庭園を見ることができる。

　ラウシャム（⑥）はブリッジマンの整形庭園のうえに、ケントが「重ね書き」したもので、ケントの庭園デザインが最もよく残されている。大きく「く」の字に湾曲するチャーウェル川の高低差のある川岸を巧みに利用した比較的小規模な庭園で、樹林の小道と開けた風景が交互にあらわれるように仕掛けられている。とくに「楡の並木道」のドラマティックな光と影のトンネル、地形の高低差を巧みに利用したプラエネステ・テラスとヴィーナス谷は必見である。

　ブレナム宮（⑦）は第二次大戦中の首相ウィンストン・チャーチルの生家として知られる。ハウスはパレスと称されるとおり、イギリス・バロックを代表する壮麗な建物である。設計はジ

ョン・ヴァンブラ。当初、ヴァンブラのハウスのためにワイズが整形の庭園をデザインし、全長3キロにおよぶ並木道などがつくられた。ワイズの庭園

▲ラウシャム：アポロ像と楡の並木道

▼カースル・ハワード：4つの風の神殿から見た田園風景

▼スタッドレイ・ロイヤル：サプライズ・ビューと呼ばれるファウンテンズ修道院

をすっかり自然風に「改良」したのがブラウンである。ブラウンの最大の仕事は、ヴァンブラによる立派な大橋とその下を流れる小川がつくる景観上のアンバランスを是正することだった。現在、そこは大橋にふさわしい広々とした湖となっているが、これがブラウンの大胆な解決策だった。苑内を走るミニ・トレインが池を一周してくれる。

●ヨーク周辺の庭園

中世の街並みを残すヨークからは、カースル・ハワードとスタッドレイ・ロイヤルを訪ねることができる。

　カースル・ハワード（⑧）のハウスは、ブレナム宮と同じくヴァンブラによるのだが、そもそも軍人で、その後、劇作家として成功したヴァンブラの建築家としての処女作がこのハウスである。壮麗なドームをいただくリリシズムあふれるその姿には、彼の劇作家としての才能が十分に発揮されている。庭園をデザインした領主のカーライル卿は、イギリスの田園風景を古代ギリシアの理想的風景につくり替えようとした。4つの風の神殿、マウソレウム、ピラミッドなどの建物、それに

グレイト・レイクやサウス・レイク、ニュー・リバーなどの水がじつに多様な風景を形づくっている。

　スタッドレイ・ロイヤル（⑨）は、廃墟となった中世の修道院がある庭園として知られている。大きく折れ曲がったスケル川とその両側の丘が庭園となっている。川の上流に廃墟の修道院、下流に湖があって、その両側に入口が設けられているが、湖側から入るべきである。湖を過ぎると、川の両側の月の池、三日月池の鏡のような水面に驚かされる。しかし驚くのはまだ早い。丘に登って、尾根道を進むと、突如、眼下には大きく湾曲するスケル川、そしてその上流に巨大な廃墟があらわれる。その意表をついた風景は「サプライズ・ビュー」と呼ばれている。

●ふたたびロンドンへ

ヨークからロンドンへもどる途中、一カ所だけ寄り道をしたい。ルートン近郊のアシュリッジ（⑩）である。ここのハウスは19世紀の立派なゴシック・リヴァイバル様式の建物で、現在はビジネス・スクールとして使用されている。イギリス経済界のエリートたちは、こ

▲▼アシュリッジ：バラ園からカントリーハウスを見る

うした重厚な建物から輩出されているのだ。庭園はブラウンの後継者レプトンによるもので、ピクチャレスク庭園の代表作のひとつとされている。ブラウンの広大な庭園とは違って、バラ園、アメリカン・ガーデン、岩の庭など、特徴的な10あまりの小庭園の集合体で、われわれの目を楽しませている。

　風景庭園を巡る旅のおわりには、**ペットワース**（⑪）をおすすめしたい。この庭園はブラウンが1750年代から60年代につくったもので、お決まりのように彼は既存の整形庭園をすっかり取りはらい、大きな池をつくった。四阿などの建物はほとんどない。わずか

に湖のほとりに小さなボートハウスがあるが、そこは画家のターナーが好んで夕景を描いた場所である。それは水彩で一気に描かれたもので、夕日に赤く染まる大気を巧みにとらえている。庭をつくったブラウンが意図していたのは、ターナーの絵が示しているような、水と緑と大気と光でつくられる風景ではないだろうか。そこには人目を引く建物や植物はいっさいない。これが風景庭園の極致なのだ。奇しくも、われわれの先祖もそうした風景をこよなく愛していたようである。
「見渡せば　花も紅葉もなかりけり　浦の苫屋の秋の夕暮れ」　　藤原定家

▲ペットワース：上の池と広い空

▲ターナー『ペットワース　湖の日没』

ヴィクトリア＆アルバート美術館の緑の食堂
© The Victoria and Albert Museum

テーマのある旅 ❸

ウィリアム・モリスとアーツ&クラフツ運動の足跡をたどる旅

藤田治彦

ウィリアム・モリスは「近代デザインの先駆者」として、アーツ&クラフツ運動は「近代デザインに先駆けた運動」として知られる。しかし、モリスは合理主義者や近代主義者ではなく、その運動もモダニズムではなかった。モリスにあてはまる何々主義者といった言葉があるならば、それは唯一アクティヴィスト「行動主義者」であろう。モリスは、本当の質を問わない近代社会に質を求め、爪の奥まで青く染まりながら天然染料での実験を繰り返した工芸家だった。一時代前のバイロンと同様、偽りの「修復」に反対して歴史の破壊に立ち向かうロマン主義詩人の末裔であり、古建築物保護運動や社会主義運動に邁進する闘士であった。アーツ&クラフツ運動の名は、その晩年にモリスの思想の後継者たちが設立したデザインと工芸のための展覧会協会の名に由来する。シンプルで豊かな生活の創造を理想とした「アーツ&クラフツ」は、この流れに属する19世紀末から20世紀初頭にかけてのイギリスの建築や庭園にまで適用される言葉になっている。

ここで扱うモリスとアーツ&クラフツ運動ゆかりの場所は「ロンドンとその周辺」「オックスフォード」「ケルムスコットとコッツウォルズの村々」「エイヴベリとモールバラ」の4つに大きく分けられる。オプショナル・ツアー的な「エイヴベリとモールバラ」を含むフル・コースを最短日程で行くならば、順を追って「ロンドンとその周辺」2日、「オックスフォード」1日、「エイヴベリとモールバラ」1日、「ケルムスコットとコッツウォルズの村々」2日の、計6日程度の旅となるだろう。「エイヴベリとモールバラ」方面には行かず、オックスフォード以西はレンタカーを使用するならば、4日前後で回ることは可能だが、美しくのどかなコッツウォルズの村々を巡るうちに、慌しい日程を後悔するようになるかもしれない。ケルムスコット・マナーやレッド・ハウスはナショナル・トラストの所有となっている。公開日が週に数日程度

▲ウィリアム・モリス・ギャラリー

▲G.Pボイス邸

に限られており、また季節によっても公開日が変わるので、ナショナル・トラストのサイトなどをよく確認して旅の計画を練っておきたい。

●ロンドンとその周辺

ロンドンの旅は、地下鉄ヴィクトリア線のウォルサムストウ・セントラル駅から北へ歩いて15分ほどのところにある**ウィリアム・モリス・ギャラリー**（地図①）から始めるのがいいだろう。パブリック・スクールから大学時代にかけてのモリス一家が住んだ家で、モリス・マーシャル・フォークナー商会およびモリス商会の各種製品や社会主義運動関係の展示品を通じて彼の生涯の概要がつかめるうえ、センチュリー・ギルドなどモリスの影響を受けたアーツ&クラフツ運動関連の展示も見ることができる。モリスが生れた広い

庭に大きな楡の木が茂っていたエルム・ハウスも、株成金の父親が購入したパラーディオ風の白亜の大邸宅ウッドフォード・ホールもこの地域にあったが、ともに壊されて久しい。少年モリスが遊んだエピングの森のはずれには、彼がタペストリーや室内装飾に興味をもつきっかけとなった**エリザベス女王の狩猟小屋**（②）が博物館として今もある。この森はナショナル・トラストゆかりの地でもある。

モリスが妻ジェインと住んだP.ウェッブ設計の**レッド・ハウス**（③）は、テムズ川の南を走るロンドンとカンタベリーをほぼ一直線に結ぶ旧街道を少し南に外れたところにあり、最寄りの鉄道駅はベクスリヒースである。正面よりも中庭側を重視したL字型平面のこの住宅は、イギリス近代住宅の先駆の一つであると同時に、親友バーン゠ジ

ョーンズや共通の師D.G.ロセッティら
と共同で行なった室内装飾により、アー
ツ&クラフツ運動に先駆けるモリ
ス・マーシャル・フォークナー商会創
設の基礎となった。

　モリス一家はその後ロンドンの中心
部、クイーン・スクエア(④)に面した
同商会の建物の上階に引っ越した。そ
の建物は現存しない。モリス商会に改
組後のマートン・アビー工房があった
環境だけでも知りたいという場合に
は、テニスでお馴染みのウィンブルド
ンの近くを流れるウォンドル川(テム
ズの支流)の岸にあった工房跡を訪ね
るのがよい。地下鉄ノーザン線コリア
ズ・ウッド駅から徒歩5分ほどのとこ
ろにある。モリスの工房は残っていな
いが、ライバルでもあったリバティの
工房跡がクラフト・センター(⑤)とし

▲ケルムスコット・ハウス

▲レッド・ハウスの中庭側からの外観(上)、ドローイング・ルーム(下)

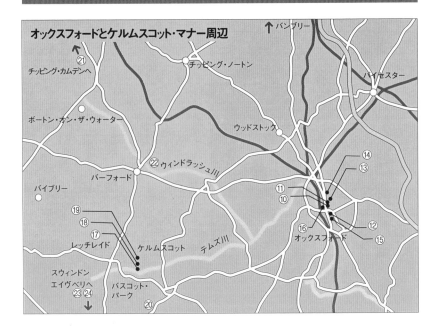

オックスフォードとケルムスコット・マナー周辺

チッピング・カムデンヘ　㉑

チッピング・ノートン

バイセスター

↑ バンブリーへ

ボートン・オン・ザ・ウォーター

ウッドストック

㉒ ウィンドラッシュ川

バーフォード

バイブリー

㊵ ⑬

⑪
⑩

⑲
⑱
⑰

レッチレイド　ケルムスコット

テムズ川

⑯　⑫
オックスフォード
⑮

スウィンドン
エイヴベリーへ
㉓㉔
↓

バスコット・
パーク

⑳

て稼動している。

　ヴィクトリア＆アルバート美術館（⑥）にはモリスたちのアーツ＆クラフツの作品が多数展示されている。同館の前身サウス・ケンジントン博物館の依頼で設計施工した「緑の食堂」も見逃せない。西側外壁にはモリスの立像が見られる。同館の南、チェルシーを散策してテムズ河畔近くのチェイニ・ウォークまで行けば、画家を志望した時期のモリスの師であり、後にジェインを巡って三角関係にあった画家ロセッティの旧邸や、アーツ＆クラフツ運動の後継者の一人、C.R.アシュビーが設計した住宅などがある。2つ北の小路グリーブ・プレイスにはウェッブが設計した画家の**G.P.ボイス邸**（⑦）や、グラスゴーにおける同運動の後継者でありながら異端視されたC.R.マッキン

トッシュ夫妻の晩年の住まいなどが残る。ファッショナブルなキングズ・ロードを東に歩けば、スローン・スクエアの北にはボドリー設計の「アーツ＆クラフツの教会」**ホーリー・トリニティー聖堂**（⑧）などもあり、チェルシーの興味は尽きない。

　ケルムスコット・ハウス（⑨）のあるハマスミスは地下鉄でサウス・ケンジントンから約20分。「アーツ＆クラフツ」という名称の発案者コブデン＝サンダーソンが営んだ製本所と印刷所の所在地であったことを示す丸い記念銘板が、古くからあるパブ「ダヴズ」近くの壁に取り付けられている。晩年のモリスが最後の力を傾注した私家版印刷工房ケルムスコット・プレスはコブデン＝サンダーソンの協力なしには存在しなかった。

▼セント・マイケル聖堂

▼マートン・カレッジ

▼オックスフォード・ミュージアム

●**オックスフォード**

モリスが大学生活を送ったオックスフォードはすべて徒歩でまわることができる。出発地は南北の大通りコーンマーケット・ストリートの東側に荒々しい石積みの鐘楼をそびえさせる**セント・マイケル聖堂**（⑩）がいいだろう。モリスとジェインが結婚式を挙げた、11世紀に建設された市内最古の教会である。その南の小路シップ・ストリートの奥にモリスが寄宿生活をした**エクセター・カレッジ**（⑪）の礼拝堂の尖塔が見える。1314年創設の由緒ある学寮だが、モリスはその建物が嫌いで、

なかでも中庭を圧するゴシック復興様式の礼拝堂は大嫌いだった。設計者G.G.スコットは19世紀のイギリスを代表する建築家だが恣意的な「修復」を繰り返した張本人で、モリスが後に繰り広げる反修復運動の最大の敵となる。好んだのはオックスフォード最古の学寮、1264年創設の**マートン・カレッジ**（⑫）やニュー・カレッジであった。これら中世の学寮群から北に歩くとJ.ラスキンが関与した**オックスフォード・ミュージアム**（⑬）、さらに行くとモリスが建築を学んだ師G.E.ストリートが設計した**聖フィリップ＆ジェイ**

▲モリスらが制作したクライスト・チャーチ大聖堂のステンドグラス

▲オックスフォード・ユニオン

◀ ケルムスコット・マナー

▼ メモリアル・コテージズ

ムズ聖堂(⑭)がある。マートン・カレッジの西、**クライスト・チャーチ大聖堂**(⑮)にはモリスらによるステンドグラスがある。クライスト・チャーチ・カレッジを経て、再びコーンマーケット・ストリートをセント・マイケル聖堂まで戻り、鐘楼の向い側の小路を西に入ると、左手に**オックスフォード・ユニオン**(⑯)という学生会館の図書館があり、その2階に上がるとロセッティ、モリス、バーン゠ジョーンズらが描いたアーサー王伝説の壁画を見ることができる。

●**ケルムスコットとコッツウォルズの村**
モリスがロセッティと共同で借り始めた別荘**ケルムスコット・マナー**(⑰)はコッツウォルズ地方特有の石造建築で16世紀末に建設された。ウェッブはモリス没後この伝統にしたがい、村内に**メモリアル・コテージズ**(⑱)を建て、弟子G.ジャックに彫らせたモリスのレリーフを外壁にはめ込んだ。セント・ジョージ聖堂にある**モリス家の墓標**(⑲)も彼のデザインで、ウェッブは一家の最初と最後のそして永遠の住処をともにつくったのである。ケルムスコットの南、ファリンドンのバスコット・パークにはバーン゠ジョーンズの連作油彩画「ブライアー・ローズ」などがある。さらに南には13世紀に建てられ、大聖堂に劣らず美しいとモリスが絶賛した**グレイト・コクスウェルの穀物倉庫**(⑳)がある。

　アーツ&クラフツ運動のその後に興味があれば、1902年にアシュビーが手工作ギルドのメンバーとその家族を率いてロンドンから大挙移り住んだチッピング・カムデンを訪れるといい。17世紀のマーケット・ホールなど古く美しい建物が残る大通りハイ・ストリートから少し入ると、手工作ギルドゆかりの建物(㉑)の中で、後継者たちが今もなお金工品の制作を続けている。宿敵スコットらによる無思慮な「修復」に対して反修復運動を展開するきっかけとなったバーフォードの**セント・ジ**

ョン・バプティスト聖堂（㉒）やテュークスベリ・アビーを訪れることもモリスとアーツ＆クラフツ運動の理解を大いに助けるだろう。その意味では、コッツウォルズ地方から南に外れるが、モリスがパブリック・スクールのモールバラ校時代に時おり訪れたエイヴベリにも足を伸ばしてみたい。環状列石（㉓）やシルベリ・ヒル（㉔）など同地の先史遺跡の周辺に形成された環境は、若きモリスの歴史感覚を育んだ青空の下の学校であった。

▲グレイト・コクスウェルの穀物倉庫

▲ハーツ金工所内部

▶ヴィクトリア＆アルバート美術館外壁のウィリアム・モリス像

▲シルベリ・ヒル：ヨーロッパで最も高い先史時代の構築物

🛈バーフォードまで車で行くならば、そのまま北へ向かい、ボートン・オン・ザ・ウォーター、ストウ・オン・ザ・ウォルド、ブロードウェイといった美しいコッツウォルズの村々を回って、チッピング・カムデンを訪ねるのがいいだろう。同地の工房は頼めば見学させてくれる場合もあるが、できれば何か購入して感謝の意を表したい。公共交通機関利用なら、シェイクスピアの故郷ストラットフォード・アポン・エイヴォンからバスで行く手もある。テュークスベリに近いチェルトナムのミュージアムはアーツ＆クラフツのコレクションで知られる。

ウィリアム・モリス
William Morris 1834-1896

ロンドン郊外に生れ、オックスフォード大学に学ぶ。バーン＝ジョーンズらと共同で行なった自邸「レッド・ハウス」の内装は、後のアーツ＆クラフツ運動の先駆けとなる。室内装飾の設計施工を行うモリス商会を設立する一方、歴史的建造物の保護運動や政治活動にも乗り出した。それらの運動と関連して後世に残る工芸論や装飾芸術論を展開した。晩年には印刷所を創設し、私家版印刷工房運動の先駆けとなった。日本では戦前は詩人、社会主義思想家として知られていたが、現在では工芸家あるいは近代デザインの先駆者としてより広く知られている。

上・セント・ノートン・フィリップ：パブの裏手からの眺め
下・バイブリー：傾斜地に立つライムストーンの家並み

テーマのある旅 ❹
イギリスの田園と家並みをスケッチする旅

渡邉研司（建築家・東海大学教授）

イギリス人は水彩スケッチをこよなく愛している。とくに田舎のなにげない風景を題材にしてスケッチする人が多い。それはイギリスの造園にみられる絵画のような「ピクチャレスク」という造園手法とも関係しているのかもしれない。画家であるコンスタブルやターナーはいうに及ばず、絵に関してはアマチュアのラスキンやチャーチル元首相の画才はよく知られており、チャールズ国王の絵などは切手になるくらいだから、かなりの腕前といえる。おそらく田舎を歩きながら風景をスケッチすることは、18世紀から続く英国紳士のたしなみの一つなのだろう。ロンドンのような都会であわただしく生活する人の心と身体を、田舎は癒してくれるからだ。その癒される自分自身の記録＝日記が、スケッチという心と身体の対話を通して表現されるのだと思う。

日本からイギリスを訪れる人の多くは、建物や街並みを時間をかけて見たり、五感を使って感じることなしに、カメラのシャッターを切るだけで、通り過ぎるような旅をしているのではないだろうか。ここでは表面だけの情報をたどる、あわただしい旅ではなく、自分にとってのイギリスの田舎を発見し、それをスケッチで記録しながら、自分自身の心と身体との対話、さらには自分と建築、街並み、風景と対話するスローな旅をおすすめしたい。ここに紹介するスケッチポイントは、あくまで私にとっての対話場所である。自分で歩いて心に響く場所を見つけることが、この旅には大事であることを忘れないでほしい。

●セント・ノートン・フィリップとブラッドフォード・オン・エイヴォンを歩く
まずは、ロンドンから西に延びる高速

▲セント・ノートン・フィリップ：坂の下からの眺め

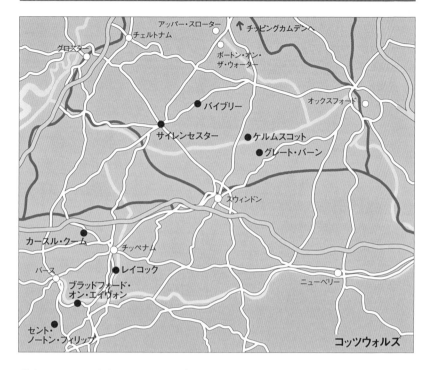

道路M4で世界遺産の町バースに向か
う。バースは時間のあるときにゆっく
り見て廻ることにして、そこから南へ
車で15分くらいのところに**セント・ノ
ートン・フィリップ**という、気をつけ
ないと通り過ごしてしまうほどの小さ
な村がある。数軒の住まいや商店が狭
い道に並んでいる。緩やかな坂道の途
中にジョージ・インというコッツウォ
ルズ特有の石造りの古いパブがある。
パブの中には雰囲気のよい中庭があ
り、そこでのパブ・ランチもおすすめ
だし、パブの裏手からは素晴らしい田
園風景を眺めることができる。まずは
パブ脇の広場に車を停め、この田園風
景をスケッチしてみよう。手前には牧
草地とこんもりと茂った森、遠くには

小高い丘というように遠近感があり、
田園風景と対話するにはもってこいの
場所である。

　次にパブの前の道を少し下り、坂の
下からパブをみる構図はどうだろう。
道路が緩やかに登りながら曲がり、パ
ブの妻面とちょうどアイストップに民
家（B&B）がある。建物のほとんど
がこの地域でとれるライムストーン
（石灰岩）でできているので、それら
の微妙な材質や色味の相違を描くと表
情のある絵になる。

　そこから車で15分くらい走ると、
谷間に**ブラッドフォード・オン・エイ
ヴォン**という町がある。名前の通り、
町の中心を流れるエイヴォン川に架か
るタウン・ブリッジがこの町の特色で

▼ブラッドフォード・オン・エイヴォン：橋の一部が教会としてつくられた（上）、家並み（中）、教会（下）

ある。橋の一部は13世紀に教会としてつくられ、17世紀には酔っ払いの収容所になるほど、建築的な橋でもある。うまく橋が入るよう構図を決めてスケッチしてみよう。一般に、古い橋をスケッチする場合、高さは気にしなくていいが、ここではこの橋をどのように画面に納めるかがポイントとなる。またこの町には、あちこちにコッツウォルズ地方の典型的な民家がある。その多くは傾斜地に建っているので、建物の重なり具合をうまく表現しながらスケッチするのもいいだろう。

●レイコックとカースル・クームを歩く

ブラッドフォード・オン・エイヴォンから東北方向に車を30分ほど走らせると、一般道から外れたところにレイコックという小さな村がある。村全体をナショナル・トラストが管理しており、中世以来の村の風景がそのまま残

っている。レイコック・アビィという教会は、内部も外部も素朴な佇まいで、周囲の家並みとのなにげない重なり具合がいい。家並みを描く場合、道の開き具合いと建物の位置関係を表現するのが意外と難しいかもしれないが、スケッチしてみよう。イギリスは田舎に限らず、ほとんどの町で日本のような電柱や電線を見かけることはないので、気持ちよく建物が描ける。

　レイコックから北上して西に進むと30分ほどで**カースル・クーム**に着く。直接車で村に入ることもできるが、手前に駐車場があるのでそれに従うことにする。深い谷への坂道を下りていくと、道路脇には茅葺の民家があるので、それを描いてもいい。茅葺の民家は日本に限らず、イギリスでもかなり珍しくなっているが、コッツウォルズではまだたくさん残っている。狭い道

に沿って黄褐色のライムストーンでつくられた民家が並び、井戸端会議ができるような、屋根が架かった小さな広場もある。土産店は日本と異なり控えめなので、景観を壊すことはない。しばらく歩くと小さな橋が架かっている。そこから振り返って先ほどの広場の方を見ると、家並みと斜めに交差する橋が入るので、動きのある構図となる。しっかり対象を見ながら、どうして美しいのだろうとか、このデザインはどのような意味があるのだろうかなど、対象物といろいろな対話ができるのもスケッチのよさであり、気づいたことをメモ書きしておけばあとで役に立つ。

●バイブリーからケルムスコットへ

カースル・クームから北東方向のサイレンセスターを目指してみよう。迷わなければ車で1時間半くらいだろうか。

▲レイコック：電柱が見えない街並み

車窓からの眺めはまさにイギリスの田園風景が続く。ドライバーはよそ見ができないが、同乗者は満喫することができる。気に入った風景があったら車を停めスケッチしよう。イギリスでこれほど水彩が盛んな理由は、どんな道端の風景でさえ絵になるからであろう。逆にいうとありすぎて、どこを切り取ったらいいのか迷うことにもなる。イギリスは土地が平らだと思われているが、意外と起伏がある。そのため変化のある風景を田園では見ることができるのだ。

　サイレンセスターから田舎道を通りながらバイブリーの村に入っていく。駐車場もあるが、もう少し車を進めて、かつてカントリー・ハウスだったバイブリー・コートというホテルの広い駐車場に車を停める。広々とした前庭と、こじんまりしているが手入れの行き届いた内庭がある。コンサバトリー（温室）のコーナーもあるので、庭を見ながら気軽にランチが食べられる。パブ・ランチなど盛り付けが面白いときは、それをスケッチしてもいい（このときはどこで何を食べたかというメモが必要）。食べている人やウエイターなどに、迷惑にならないようスケッチしてみるのもいい。どんな仕草でどんな服を着ていたかなど、意外に覚えていないことが多いものだ。カントリーハウスだったホテルは、この村では隣接する教会とともに立派な建物だ。外壁はツタで覆われ、時を重ねてきた建物がもつ落ち着きが感じられる。そのような空気を感じながら、前庭からスケッチしてみよう。

　ホテルの周辺にもスケッチしたくなるような家並みやエバーグリーンと呼ばれる美しい田園風景が広がってい

▲バイブリー：家並みの前の小川（左）、家の裏もこんもりした森になっている（右）

る。来た道を少し戻ると道路沿いに小川と平原がある。このあたりはナショナル・トラストが管理している。小川には大きなマスが泳いでいて驚くが、水がきれいな証拠である。小さな橋を渡ると、ライムストーンの家並みが続く。家並みは傾斜地に連なっているので、奥行き感があってスケッチしやすい。また道路の反対側にある店や住宅も、裏がこんもりとした森になっているので、構図として納めやすい。

次にウィリアム・モリスが、自らのユートピアの地としてロンドンから移り住んだケルムスコットに向かおう。テムズ川の源流という小川に並行して車を走らせると**ケルムスコット・マナー**に到着する。専用の駐車場があるので車を停め、まずは外観からスケッチしよう。前庭からの建物正面の構図は、よく写真に出ているので、自分流

に少し違った角度からトライしてみよう。家の中を描くときは、天井が低く、人が頻繁に出入りするので邪魔にならないよう注意する。だんだん慣れてくると、どれくらいの時間で描けるのか、その場所がスケッチに相応しいのかどうかわかってくる。

ケルムスコット・マナーのあとは、**グレート・コクスウェル**という穀物倉庫にぜひ行こう。モリスが聖なる教会のようだといった建物で、ここもナショナル・トラストが管理している。薄暗い内部に立ってしばらくすると壁のすき間から光が差し込んできて、崇高ともいえる素晴らしい空間となる。建物の周囲は広々としているので思う存分スケッチできる。特に天然のスレート（石板）が葺かれた切妻の大屋根は、シンプルな造形だが迫力があり、少し引き目に構図をとるとしっか

▲ケルムスコット：ケルムスコット・マナーの入口正面（左）、南側外観（右）

りと画面に納まるだろう。

　おそらくモリスもコッツウォルズ
の田舎を散策しながら、スケッチした
のだろう。モリスならどのようにこの
建物や風景と対話したのだろう。その
ような問いかけをしながらスケッチ
するのも、スローな旅のいいところで
ある。

ℹ コッツウォルズ地方には、他にも一度は訪ね
てみたい町や村がある。骨董市で有名なチッピン
グ・カムデンやバーフォード、村の真ん中をアイ
川が流れているローワー・スローターやアッパー・
スローターなど。特にアッパー・スローター付近
にはフットパス(散歩道)があり、まさに田園風景
に身を置きながら自然を満喫することができる。

ℹ 造園手法におけるピクチャレスクについては、
テーマのある旅❷(p057)を参照。またラスキン
が描いたスケッチについては、『建築の七燈』ジョ
ン・ラスキン著(鹿島出版会)の挿絵を参照。
ただしこれは水彩ではなくペン画による非常に詳
細な建物の部分のスケッチである。ケルムスコッ
トについてはテーマのある旅❸(p070)を参照。

▲ローワー・スローター：村の中を小川が流れる
（上）、村の教会（下）

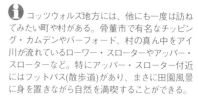

▲グレート・コクスウェル：教会のように見える穀物倉庫

上・アイアンブリッジ渓谷：現在は博物館などに
使われている工場や倉庫が谷間に点在する
下・セバーン川に架かるアイアンブリッジ

テーマのある旅 ❺

イギリスの産業遺産を訪ねる

清水慶一

イギリス人が産業遺産の保存と活用にどれほど熱心かとの情報が、未だ日本には十分に伝わっていないところがあって、ともすればイギリスを旅する日本人観光客が国宝級の産業遺産を訪れながら、その価値を十分に理解できないまま、ただ退屈そうに佇んでいる様子を一度ならず見かけたことがある。

「日光を見ずして結構というなかれ」という言葉があるが、「産業遺産を見ずしてイギリスを語るなかれ」なのである。イギリスは「産業革命の発祥地」なのだ。産業革命によって人類文明の様相はそれまでになかったほど大きく変わり、ひいては現代の社会・文化が形づくられた。それほど大きな革命を起こしたのが我々の先祖だ、とイギリス人は誇りに思っている。また、産業革命によってイギリスは世界の工場となり、その富と力で世界を制覇した。19世紀中期、全世界に植民地を有する栄光のヴィクトリア時代を迎えたのである。この時代を示す産業遺産ほど、イギリス人の自尊心を満足させ、アイデンティティーを高めるものはない。これに伝統を重んじる国民性も加わって、イギリスでは世界のどの国よりも産業遺産の保存と活用が積極的に行われている。

●産業遺産の訪ね方

では、イギリスにはどのような産業遺産が残っているのだろうか。結論からいえば、産業革命期から人が住んでいる場所で、その保存活用が行われていない場所はない。そもそも、イギリスは日本のように古い建物を簡単には壊さないし、古い機械も簡単には捨てない。都市を歩けば古い倉庫・工場の類が残されているし、運河には古い閘門や川舟（カナル・ボート）が、鉄道路線には駅舎や蒸気機関車が必ずといってよいほど残されている。

このように産業遺産はイギリスのどこにでもあるのだが、「どこにでもある」といわれても困るのであって、代表的な産業遺産サイトぐらいは示してもらいたい、と思われるにちがいない。ところがこれがなかなか難しい。あまりにもたくさんありすぎて、取り上げきれないのである。

しかし訪れるのが比較的簡単で、旅先で駅の構内や近くにある観光案内所に立ち寄って「インダストリアル・ヘリテイジ・サイトはこの近くにありますか」と尋ねれば、案内人はたちどこ

ろに近くにあるいくつかの産業遺産サイトを紹介してくれるはずである。そしてもし時間に余裕があれば、真っ先に見ていただきたいのが、最も大規模で充実した内容を持つ**アイアンブリッジ渓谷博物館**（Ironbridge Gorge Museum）である。ここを見れば、イギリスでの産業遺産の保存と活用の真髄が分かる。しかし、一般には旅行者は、ロンドンを基点にイギリスひと巡りの旅行をするだろうから、この稿ではブリティッシュ・レイルウエイでの旅を想定して、イギリス東部を鉄道で北に向かい、エディンバラからグラスゴーを経て、西部を南下してバーミンガムあたりからロンドンへ戻る、イギリス一周のコースを設定することにしよう。

▲ヨーク駅舎：鋳鉄のキャノピーで覆われたプラットフォーム

▲ヨークの国立鉄道博物館

▲フォース鉄道橋：エディンバラの郊外、フォース川に架かるヴィクトリア時代を象徴する橋

●ヨークとエディンバラの産業遺産

ヨークはロンドンから鉄道で北西に約200キロ行った都市、交通の要所で1877年に竣工した**ヨーク駅舎**（W.ピチイ設計）は、ヴィクトリア時代の代表的な駅舎として知られている。特にプラットフォームは柱頭飾りのついた鋳鉄の柱と、やはり鋳鉄の梁によるキャノピー（大天蓋）で覆われており、古きよき時代の鉄道舎の雰囲気を今に伝えている。ここには**国立鉄道博物館**（National Railway Museum）もある。1975年にエディンバラ公爵によって創設されたイギリスの代表的な鉄道博物館で、スチーブンソンの蒸気機関車を始めとして、SLマニアには垂涎ものの膨大な数の鉄道車両のコレクションがある。また、グレート・ホールと呼ばれる展示施設は、昔の機関車車庫を利用したもので、機関車の展示だけではなく、回転台など実際に動く状態で保存されている。

ヨークからさらに北に200キロほどで、スコットランドの首都エディンバラである。この町自体がしっとりと落ち着いた古都だ。街を散策して街並みと建築を楽しむのも悪くない。しかし、郊外を流れるフォース川の河口には、ヴィクトリア時代の土木技術の集大成といわれる**フォース鉄道橋**（1890年開通　ベーカー＆ファウラー設計）がある。この橋は砂地の軟弱な地盤の上に、5万トン以上もの鉄骨を使って、全長500メートルもの橋を架け渡したこと、そのためにキャンティレバ

▼アルバートドッグ（リヴァプール）：美術館に再生

▼マンチェスターの倉庫群：綿紡績の最盛期に形成された街並み

ー（片持ち梁）を組み合わせた方式をとったこと、さらには設計に当時イギリスに留学していた日本人土木技師、渡辺嘉一が助手として参加したことなど、様々な物語を持っている。

●バーミンガム周辺の産業遺産

エディンバラからグラスゴーを経て、一挙に南下しアイアンブリッジ渓谷博物館に行くことにしよう。しかし、このグラスゴーとアイアンブリッジ渓谷博物館に近いイギリス第2の都市、バーミンガムの間、そして南ウェールズのカーディフ周辺こそ、イギリス産業遺産の宝庫であり、訪れていただきた

い場所が数多くある。

　かつて綿紡績で栄えたマンチェスターやリヴァプールの工場跡や旧市街地にある倉庫群、あるいは、イングランド中部に張り巡らされた運河、イングランドやウェールズの炭鉱や鉱山など、さまざまな方法で産業遺産の保存と活用が行われている。運河には中で生活できるようになっているカナルボ

ートが浮かんでおり、のんびりと旅する産業遺産巡りもある。

　石炭の採掘場所を実際に体験させてくれる産業遺産としてカーディフの周辺には、**ビッグ・ピット**（Big Pit）や**ロンダ炭坑のヘリテージパーク**（Rhonda Heritage Park）などが有名だ。ロンダ炭坑は、ジョン・フォード監督の名作『わが谷は緑なりき』の舞台になったところでもある。単に施設を文化財的に保存するのではなく、往時の人たちの営みや生業を体験できるように整備を行うのが、産業遺産の保存活用の主流となっている。

　アイアンブリッジ渓谷博物館はロンドンから鉄道で約2時間半のところ、テルフォードという新都市が最寄り駅となる。ここは日本でのミュージアム＝博物館とは、かなり違っている。約6平方マイル（15.53平方キロ）の地域に残る産業遺産を結び合わせたネットワークであり、日本的な感覚では

▲マンチェスター科学工業博物館：世界最古の駅舎（上）、博物館になっているプラットフォーム（下）

▼ロンダ炭坑ヘリテージパーク

産業遺産を利用した地域総合整備と呼んだほうが実情に近い。何しろ、この場所にある全施設を見回るのに、最低2泊3日は必要といわれている。

サイトの中心となるのはもちろん、1779年に開通した世界で初めての鉄の橋、**アイアンブリッジ**だ。このアイアンブリッジ一帯は、コールブルックディールと呼ばれた場所で、コールブルックディールは「産業革命のゆりかご」の役割を果たした場所だった。地下から鉄鉱石・石炭・粘土・石灰石な

ど工業原料が採れ、この原料を利用して製鉄を中心とした工業が発達した。ここでアブラハム・ダービーがコークスを使って鉄鉱石から鉄を取り出す方法を開発した。ダービーの発明で大量の鉄を廉価で生産できるようになり、これが産業革命を飛躍的に推進すると同時に、この山間の地域を工業地域に変えた。アイアンブリッジも大量の鉄が廉くできなければとても建設はできなかったのである。

アイアンブリッジ渓谷博物館は訪れ

▲ビッグ・ピット：南ウェールズを代表する鉱山のひとつ。坑道体験も可能

アイアンブリッジの博物館や史跡

ローズヒルハウス

アブラハム・ダービー溶鉱炉

鉄の博物館

エルトン・ギャラリー

川の博物館／ビジターズセンター

アイアンブリッジ＆博物館料金所

ベドラム溶鉱炉

プリスツヒル野外博物館

M54

セバーン川

アイアンブリッジ

タールトンネル

ジャック・フィールド・タイル博物館

コールポート陶芸博物館

出所：アイアンブリッジ渓谷博物館

▲アイアンブリッジ渓谷博物館：ダービー溶鉱炉内部。天井に1638年と刻印されてた鉄梁が使われている（上左）、産業遺産の体験学習（上右）、溶鉱炉跡に上屋を架けて保存している（下）

た旅行者に、産業革命時代を体験させ
てくれる場所でもある。ネットワーク
の一つに**ブリスツヒル野外博物館**があ
り、ヴィクトリア時代の建物を復元す
るとともに、当時のこの地方の人々の
営みや生業が体験できる場所として、
商店や工場、住宅などが整備・復元さ
れている。ヴィクトリア時代の服装を
したボランティアが、実際に当時の営
みや生業の様子を見せてくれるのであ
る。ここにくれば、旅行者はヴィクト
リア時代にタイムスリップすることが
できるというわけである。

● **ノーフォークの港湾施設**

想定した旅は終わりに近づいたが、産
業遺産の種類の中で重要な港湾施設も
一つは紹介しておく必要があろう。こ
のイギリス産業遺産鉄道の旅から少し
はずれるが、もし時間がゆるせば、南
海岸のノーフォークなどいかがだろ
う。ここはイギリス海軍発祥の地とも
いえる場所で、有名なネルソン提督と
も関係の深い港町である。中心となる
港湾グレート・ヤーマスは歴史的な景
観を残す美しい港、ぜひ機会があれば
訪れていただきたい場所である。

産業遺産サイトはすでに述べたよう
に、イギリスでは実に数多くある。そ
して、建造物を記念碑的に残したり、
博物館に静的に展示する段階は過ぎ
て、現在のイギリスではまちづくりや
地域整備の資源として、産業遺産をと
らえている段階に入っている。アイア
ンブリッジ渓谷博物館も、かつて山の
中にあった工業地帯が没落し、過疎化

してしまったコールブルックディール
の地を産業遺産を利用して見事に整備
し、さらに活性化させるためのプロジ
ェクトを行ったその成果なのである。

産業遺産観光は興味深いものだが、
地域の活性化や独自性の確立に、先祖
の残したものが使われているのだとい
う見方をすれば、よりいっそう興味が
持てるのではないだろうか。

🛈 ビッグ・ピットへはブリストル駅またはカー
ディフ駅から車で1時間、ロング炭坑ヘリテージ
パークはカーディフ駅から車で1時間弱のところ
にある。
　アイアンブリッジ渓谷博物館は、テルフォード
駅から車で約30分、バーミンガム駅から車で約
1時間。広大な敷地の中には6つの博物館、5つ
の主要な産業遺産や史跡がある。「パスポート」
と呼ばれる入場券を購入して、それぞれの施設を
見学・体験できる。

▲ブリスツヒル野外博物館：ヴィクトリア時代の
パブを再現（上）、鉄の博物館：コールブルック
ディールで製造された蒸気機関車（下）
"Ironbridge Gorge Museum"のパンフレットより

ヒル・ハウスの1階居間

テーマのある旅 ❻
マッキントッシュとケルト文化を訪ねる

木村博昭（建築家・京都工芸繊維大学名誉教授）

建築家は、当然その背景となる国民性や生きた時代、また活躍していた都市を無視しては語れない。チャールズ・レニー・マッキントッシュは、スコットランドの工業都市、グラスゴーに生まれた。たぐい希な多才な建築家として、建築、インテリア、家具、照明器具、テキスタイル並びにアートの分野でも活躍し、トータルデザインの実践とその概念を確立させた人物である。あの背の高いラダーバックの特異な椅子は、誰もが知るだろう。マッキントッシュは、アール・ヌヴォーからモダニズム形成期の先駆者の一人であり、次代を担った建築家に及ぼした影響は大きい。彼はまた、印象派の画家たちと同様に日本美術にも興味を示し、そのデザインの随所に日本的な感性が感じられ、それが日本人に親しまれる由縁であろうと思える。そんなマッキントッシュの建築とケルト文化の面影を残すスコットランドを訪ねてみよう。

●スコットランドとグラスゴー

ロンドンから列車で4時間半ほどでグラスゴーに到着する。グラスゴーが近づくにつれ、牧草地の羊たちの数が増え、外気も少し冷えびえとしてくる。列車は、ダイナミックなガラス屋根の鉄骨トラスでできた大架構のプラットホームのセントラル駅に到着する。この駅舎ひとつ見ても、いかに19世紀末のグラスゴーが繁栄を遂げていたか想像できる。そして工業都市の技術の結晶として残された建築の一つであることが感じとれる。

グラスゴーの町の起こりは、6世紀頃に始まる。13世紀には、カテドラルやクライド川の橋が造られ、自然発生的に生まれた2つの通り、南北軸のハイ・ストリートとミス・クランストンのティールームがあった東西軸のアーガイル・ストリートに沿って街が拡がった。現在も、通りが交差するトロンゲートのあたりは、最も古い地区でスコットランド的なバナキュラー（土着的）な建築とダッチゲーブル（オランダ風の破風）のある建物が多い。中世的雰囲

▲グラスゴー郊外のスタンディングストーン

気のある街並みが残り、裏通りには、石畳の路地に古いマーケットが軒を連ねている。その後、貿易産業を中心にした商都として栄え、機械紡績産業を基礎に産業革命が起こる。都市はこれより西北方向へ、都市計画により碁盤状に拡大された。当時のグラスゴーは、大英帝国の第2の都市であり、技術革新の中心地として、経済力、そして人

▲ケルト十字の墓標

▲グラスゴー市街：ブルカナン通り

口も膨張の一途をたどる活力に満ちた都市であった。特に製鉄などの重工業を中心に、造船業、蒸気機関車両、そして電気などの科学技術の開発が日夜進められていた。

　グラスゴーには、わが国からも幕末から明治の初頭にかけて、製鉄や造船などの技術力の習得を求め、薩長の留学生が派遣されている。1872年には、新政府の視察団であった岩倉使節団の一行がグラスゴーを訪れた。彼らはこの町を産業国家の明日の日本のモデルとして見ていたのではないだろうか。帰国後、技術者養成のためにグラスゴー大学で工学を学んだH.ダイアーを迎え、工部大学校（後の東京大学工学部）を設立している。今もこの世紀末都市の様子は、当時の日本人留学生たちが見たグラスゴーとさほど変わらないだろう。時代をタイムスリップして、そんな目で町を眺め、マッキントッシュ作品を訪ねるときっと思いがけない発見があるにちがいない。

　スコットランドでは、ぜひとも郊外の自然にも触れていただきたい。グラスゴー市内から20分ほど車で走ると、丘陵が連なる田園風景に出会う。クライド川を下り、ロマン湖やそしてイーストコーストへ足をのばすと、自然信仰のケルト文化の面影が随所にうかがえる。また、市内でも教会を訪ねれば、ケルト十字の墓標が至るところで見受けられるだろう。マッキントッシュの初期作品にうかがえる、線が絡み合うケルト的表現や彼の原風景を知るうえ

グラスゴー市街

でも、時間があれば美しい景色に出会うイオナ島やスカイ島の島巡りもおすすめしたい。

●生涯関わったグラスゴー美術大学

現存するマッキントッシュの主要な作品は、グラスゴー市街とその周辺地域にあるので比較的訪れやすい。セントラル駅の近くに、初期の建築である新聞社の社屋であったグラスゴーヘラルドビルと廃墟化したディリーレコードビル（地図①）がある。グラスゴーヘラルドビルは、近年、新たに増設や改修されてライトハウス（②）と命名され、マッキントッシュの紹介と作品やイベント情報を提供するかたわら、ギャラリーとして一般開放されている。旅のスター

▲グラスゴーヘラルドビル（現在はライトハウス）

トは、ここから始めるとよいだろう。また当時、開通していた環状式の小サイズの地下鉄で市内を巡り、**マッキントッシュの自邸**（⑥）が再現されているグラスゴー大学内にあるハンターリアン美術館や、現在スクールミュージアムとして使われている**スコットランド・スクール**（⑤）を訪れるのもよいだろう。スコットランド・スクールは、地下鉄の駅から地上に出ると正面に建っている。

　マッキントッシュの代表作である**グラスゴー美術学校**（③）は、現在まで美術大学の校舎としてほぼ当時のままの状態で使われていた。近年二度の火災に見舞われ、2014年の火災で一部が焼失し、再建さなかの2018年は壊滅的火災であった。オリジナルな建築は失われてしまったが、現在、復元再建中である。マッキントッシュは、16歳からここで学び、自ら建物を設計し、晩年には教鞭をとるなど生涯にわたってこの学校と関わった。親友のH.マクネヤーやマクドナルド姉妹とグループ「ザ・フォー」を結成、F.ニューベリー（グラスゴー美術学校校長）との出会いなど、この拠点がなければ、グラスゴー派のデザイナーたちも存在しなかったであろう。

　グラスゴー美術学校は、27歳の若きマッキントッシュが担当した設計競技案（1896年）に始まり、第1期（1897〜99年）では、中央ホールから東側半分が建設され、曲線を多用した装飾的なエレメントで構成されていた。西側の第2期（1906〜09年）では、原案から再考され、

▲スコットランド・スクール（現在はスクールミュージアム）

▲ハンターリアン美術館内の自邸：居間（上）と寝室（下）

▼グラスゴー美術学校：図書室（左）、正面玄関（右）

完成度の高い幾何学的な装飾エレメントに至っている。それは、アール・ヌヴォーからアール・デコへと移行する過程をそのまま示す、19世紀末の様式的建築の終焉と20世紀を結ぶ、歴史の過程を封じ込ませたまれな建築作品といえる。全体は、15年あまりを経て完成するが、この時代がマッキントッシュの最盛期であった。マッキントッシュとマーガレットとの新居であった120メーイズ通りの自邸と白いインテリアと家具、その後に建てられたヒル・ハウスの住宅、そして商業空間のウィロー・ティールームなど、美的調和のとれた空間に、完璧な演出が試みられた一連の代表作がつくられた時期とも重なる。

●20世紀の夢の住宅

なかでも**ヒル・ハウス**（⑦）は、建築、インテリア、家具、そしてそのロケーションとランドスケープに至る、理想の美的空間が表現された20世紀の夢の住宅だろう。市内にあるもう一つの駅、クイーン・ストリート駅から1時間ほど列車でクライド河口に下ると終着駅の

ヘレンズバラに到着する。列車を降りると澄み切った空気が漂う。そこは、海岸沿いの緩やかな丘陵地がつづく美しい田園風景の中にある住宅地である。20分ほど緩やかな上り坂の道を進むとヒル・ハウスは現れる。ヒル・ハウスの居間からは、平坦な芝の庭越しに果てしなくつづく淡い新緑の丘陵が遠望され、その眺めは言葉では語り尽くせないほど美しい。スコットランド地方の民家を基に、機能性と幾何学的抽象性を取り合わせた住宅である。

ヒル・ハウスは、現在長期間の改修中であり、外観は仮設大屋根と幕で包まれているが、内部は見学可能である。ヒル・ハウスの前に、モダニズム住宅の提案を求めた国際設計競技・芸術愛好家の家に応募した案がある。後に、この設計競技案はヨーロッパで出版された。ヒル・ハウスは、出版直後に計画され、おそらくこの案を具体化したものであったはずである。依頼主の出版業を営む実業家、W.W.ブラッキーは、その後50年間ヒル・ハウスで暮らし、ここ

で人生を終えた。また現在グラスゴー市内には、設計競技案に基づいた**芸術愛好家の家**（⑧）が、近年実際に建設されカフェとして使用されている。

　建築家の自邸では、空間の実験がなされたに違いない。マッキントッシュの自邸は、1900年、マーガレットとの結婚にともない、新居として設けられた。ヴィクトリア様式の室内にマッキントッシュ特有の白く、抽象化された、日本的趣味のうかがえるインテリアで、壁には浮世絵を掛け、生け花を飾り、特異な空間を演出して、アール・ヌヴォー様式からの離脱を意識した転換期となった作品であった。その後彼らは、1906年にサウスパーク・アヴェニューに移り住むのだが、白い暖炉や造り付け家具も一緒に移した。現在、グラスゴー大学内にあるハンターリアン美術

館内には、この自邸が移築され、彼がデザインし愛用していた家具とともに再現保存され、日本的趣味のインテリアは残されている。

●華麗なティールーム

ウィロー・ティールーム（④）は、ソキーホール通りに面して建っている。ソキーホールとは、「柳の小径」の意味でインテリアも柳をモチーフにデザインされている。現在、ウィロー・ティールームは、修復され、再びティールームとして使用されている。見学の合間の休憩かランチに合わせて、ゆっくりと空間を楽しめば、旅を贅沢なものにしてくれるだろう。この白いインテリアには、女性たちが着飾る宝石のように、ガラス玉の装飾が散りばめられ、輝きは実に華麗で美しい。貴婦人たちにお似合いの空間である。

▲近年建設された芸術愛好家の家

▲ヒルハウス：庭側（上）と入口側外観

▲クイーンズ・クロス教会（地図⑦）

ルーム・デラックス（特別室）のシルバーとパープルのハイバックの椅子に囲まれた空間に腰掛け、お茶を飲むと、時を超えて当時のグラスゴーの華麗な世界が蘇ってくる。マーガレットの絵画、家具、テーブルウェアー、調度品、そしてメニューのグラフィックに至るまでトータルなデザインが構想され、当時のヨーロッパで最もファッショナブルな場所であったろうと想像できる。

マッキントッシュの作品が実現された時期、グラスゴーはエネルギッシュで機械文明の希望に満ちたモデル都市であった。しかし、時代は蒸気機関車から自動車の時代に移り、グラスゴーも次第に衰退してゆく。マッキントッシュは、一瞬の流星のように輝いて、ヨーロッパのはずれスコットランドでモダニズムの花を咲かせた。そしていまもその痕跡は、しっかりとグラスゴーに残されている。

チャールズ・レニー・マッキントッシュ

Charles R.Mackintosh （1868 ― 1928）

スコットランドのグラスゴー生まれ。子供の頃から野の花や樹木、城館や民家などをスケッチし、早くから建築家をめざす。16歳で徒弟として建築事務所で働きながらグラスゴー美術学校に学ぶ。この学校で知り合った友人たちと「ザ・フォー」を結成し活動を始める。19世紀末から20世紀にかけての新しい芸術運動や日本の工芸や絵画の影響を受けながら、独自のスタイルを確立。建築家、家具デザイナー、工芸家、グラフィックデザイナー、画家と多彩な才能を発揮して、それぞれの分野で独創的な作品を残した。

▲ウィロー・ティールーム：ソキーホール通りに面した外観（上）と特別室のインテリア（下）

上・ウィロー・ロードの家：外観夜景
下・エントランス・ホール　© The National Trust PHOTO LIBRARY

テーマのある旅 ❼
ハムステッド・モダンを訪ねる

渡邉研司（建築家・東海大学教授）

　イギリス文化の特徴を示すキーワードに、熟成と寛容があげられる。熟成とは、日本のように新しいものにすぐに食いつく、あるいは新しいものを発する国に追いつけ追い越せという短絡的な姿勢は見せず、じっくり熟成されるのを待つという姿勢である。寛容とは端的にいうと外国人を受け入れるということである。最近、劇的に増えた移民に対する処遇が社会問題となっているが、イギリスは歴史的に外国人である亡命者を受け入れてきた。それは、個人主義の裏返しだと考えられる。いくらよそ者が入ってきたところで、自分たちのアイデンティティーはぐらつかないという自信の表れなのである。それどころか、外国人がもたらす文化を自国で育んでしまうほどイギリスはタフな国なのである。

　昨今のイギリスにおける現代建築を見れば以上のことは明らかである。フォスターやロジャーズといったイギリス人建築家が手がけたハイテック建築群は、一見派手な装いの裏には、建築を共同体としてつくるという意味合いが込められている。19世紀までの建築のように、一人の建築家の才能によってではなく、構造、設備、施工などの専門技術との連携によって建築が生み出される。新しい建築は環境的配慮を含め、十分な時間をかけ、コモン・センスを得てからでないとつくらない。つまり意図的に熟成がはかられるのである。イギリスで保存・再生が盛んに見えるのは、そのような熟成の必然的結果なのである。そしてこの熟成にとって必要なことが、もう一つの姿勢である寛容なのである。発電所を美術館にしたロンドンのテート・モダンは、スイス人建築家によって再生され、マンチェスターの帝国戦争博物館は、ポーランド人のリベスキンドによる。また、国際的な建築家教育を行っているAAスクールでは、70年代以降、多くの外国人建築家が教鞭をとり、彼らに教わった建築家たちが現在世界中で活躍している。

　このようなイギリスにおける現代建築の発展を支えてきた熟成と寛容は、いつごろから表れてきたのだろうか。ここでは、ロンドンの北、ハムステッドにおける1930年代のモダニズム建築の出現に注目し、イギリス現代建築の源流を探る旅をしてみよう。

●ハムステッド・モダンの中心
地下鉄ノザン・ライン、チョーク・フ

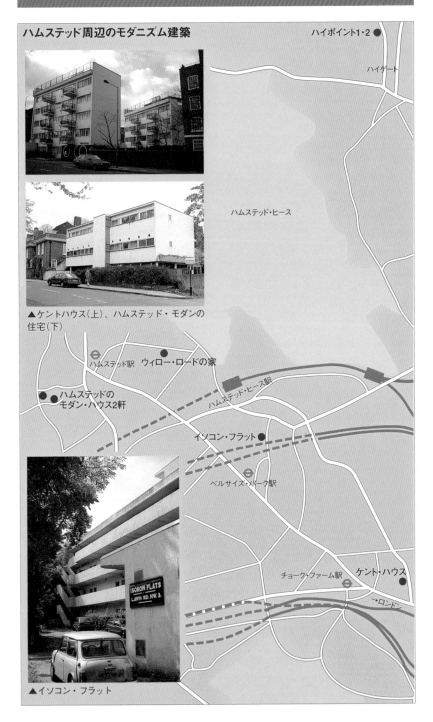

ハムステッド周辺のモダニズム建築

ハイポイント1・2 ●

ハイゲート

ハムステッド・ヒース

▲ケントハウス（上）、ハムステッド・モダンの
住宅（下）

ハムステッド駅　ウィロー・ロードの家

ハムステッドの
モダン・ハウス2軒

ハムステッド・ヒース駅

イソコン・フラット ●

ベルサイズ・パーク駅

チョーク・ファーム駅　ケント・ハウス ●

→ロンドン

ISOKON FLATS
LAWN RD. NW. 3.

▲イソコン・フラット

ァーム駅周辺に、ドイツ・デッサウに
あるバウハウスの校舎のような集合住
宅**ケント・ハウス**がある。設計はコー
ネル・ワード・ルーカスというニュー
ジーランドとイギリスの建築家の共同
体である。バルコニーがリズミカルに
ついた外観は、軽快な印象を与える。
道路側のガレージ柵のデザインもブラ
ックのスチールを使い、幾何学的構成
になっている。建物の裏には中庭をは
さんで低層棟がある。印象としては
1927年のワイゼンホーフのジートルン
グ(集合住宅)のようである。完成
年をみると10年ほどの違いがある。
ハムステッド近郊に出現したモダニズ
ム建築は、ヨーロッパ大陸と較べると
5年から10年の熟成期間がある。先に
ヨーロッパで開かれたCIAM(近代建
築国際会議)の集まりには最初からは
参加せず、5年ほど経ってからようや
くイギリスの支部をつくりだすほど、
イギリスでは新しいモダニズム建築に
対しては懐疑的であった。
　さらに1駅先のベルサイズ・パーク
駅周辺を歩いてみよう。ローン・ロー
ドという道を少し行くと、ここらあた
りがハムステッド・モダンの中心地で
ある。1933年ナチス・ドイツの迫害
にあい、多くのユダヤ系建築家、芸術
家がイギリスに居を移す。その拠点と
なったのが、東京生まれの建築家ウェ
ルズ・コーツが設計した**イソコン・フ
ラット**である。当時ワルター・グロピ
ウスと一緒にドイツから亡命してき
て、このフラットに住んだマルセル・

ブロイヤーは、曲げ合板を使った椅子
を、イソコン・フラットのオーナーが
経営する家具会社から販売した。
　このフラットは、最小限のスペース
でいかに合理的、機能的に生活するの
か、という1929年のCIAMのテーマ
をイギリスではじめて具現化した集合
住宅である。手摺り壁のある外廊下と
外階段が道路側にすっきりした外観を
見せ、庭側は広いガラスの開口部があ
り、室内は明るい。部屋の仕切り壁は
引き戸が採用され、コーツが12歳ま
で過ごした日本での経験が活かされて
いる。1階にはイソコン・バーという
パブをつくり地域に開放していた。
　モダン・アートを擁護するイギリス
人の美術評論家ハーバード・リード
は、友人である画家のベン・ニコルソ
ン、彫刻家のバーバラ・ヘップワー
ス、科学者であるJ.D.バーナルなど、
イギリス人の芸術家や知識人をイソコ
ン・バーに連れて行き、亡命者と交流
させた。このように最初から建築以外
の領域に拡がりを見せるのも、イギリ
スのモダニズムの特徴である。他の
国々のモダニズムは、青春=猪突猛進
型といえるが、イギリスでは遅れて入
ってきたこともあり、角が取れて運動
自体にある種の穏やかさがある。
●**熟成のかたち**
さらに北に15分くらい歩いて、**ウィ
ロー・ロードの家**に行ってみよう。こ
の通りにはヴィクトリアン・スタイル
の赤レンガの住宅が何棟もあるが、そ
の中に1軒のモダン・ハウスが違和感

なく立っている。ボックス・フレームという特殊な鉄筋コンクリート壁構造で、道路側が3階、庭側は4階建になっている。設計は、エルノー・ゴールドフィンガーである。ゴールドフィンガーは、この住宅をつくることでモダニズムのイギリス化を試みた。まず、周囲の環境に調和させるために、コンクリートの構造体にレンガタイルの仕上げを行った。また、ウィーンのアドルフ・ロースが評価したイギリスのジョージアン・スタイルのテラスハウスを、この住宅の原型とした。

　正面から建物をよく眺めると、建物のプロポーション、窓の構成、エントランスの位置など、ロンドン市内で見かけるテラスハウスのデザインを想起させる。内部はイギリスでいうところのコージー（心地よさ）に溢れている。リビングルームの暖炉はモダナイズされ、シンプルだが温かみが感じられる。トップライトのある螺旋階段、バスルームなどは、暗くなりがちな部屋をやわらかな光で満たしている。モダニズム建築の特徴である、十分な光の入

る、明るく透明な内部空間が感じられる。ウィロー・ロードの家は、あたかも昔からそこにあったように周囲の環境に溶け込み、熟成した姿を見せている。

●寛容さのかたち

ハムステッドからバスでハイゲートというロンドンで一番標高が高い住宅地を訪れてみよう。ノース・ロードを左折し、しばらく歩くと左側にエントランス・キャノピー（庇）にカリアティード（女神像）をかたどった柱のある6階建ての**ハイポイント2**が見えてくる。モダニズム建築と女神像の取り合わせに驚きながらも、その先にある白い**ハイポイント1**の車の動線を意識したエントランスの前に立ち、曲線を帯びたバルコニーを仰ぎ見てほしい。この隣接する2つの集合住宅を設計したのは、ゴールドフィンガーと同様、ヨーロッパ大陸から移動してきた建築家、バーソルド・リュベトキンである。

　ハイポイント1は十字形平面をもち、斜面に沿うように床にレベル差をつけ、窓からの視線が重ならないように工夫がされている。建物の形態は、

◀▲ハイポイント1：外観（左）、エントランス・ホール（右）

ル・コルビュジエのものと酷似しているのだが、この建築がつくられるプロセスは今までにないものであった。当時AAスクールを卒業したイギリス人の若い建築家たちと組織したテクトンという設計事務所や、構造家、設備技術者との共同設計など、共同体として建築をつくるということ、さらにスライド式の型枠を使った新しいコンクリート工法の採用など、設計の仕方や工法の面で、ハイポイント1から新しい手法が始まったのである。熟成が行われるためのいわば仕込みの方法が生み出されたのである。

ハイポイント1の完成後、ハイポイント2の計画が発表されると一部保守的な近隣住民からモダニズム建築建設への反対運動が起こる。それを受けて、カリアティードを含めた外観デザイン、仕上げ材料の変更が行われた。もしリュベトキンが教条的なモダニズム建築家であれば、決してそのような変更は受け入れなかったであろう。当時ハイポイント2は、モダニズムを信じる若手建築家から、逆に機能主義建築の堕落として批判を受けるほど、モダニズム建築にとって衝撃的であった。しかし、このカリアティードという装飾は、イギリス的寛容のかたちなのではないだろうか。それは、建築をモダニズムという狭い領域に限らず、相対化する視点を持ち、常に建築とは何かを考えることが大切なのだよ、というリュベトキンの私たちへのメッセージであったように思える。遠くロンドンの街を見渡す丘に建つハイポイント1は、発展を続けるイギリスの現代建築をどのように見ているのだろうか。君たちのやっていることのモデルは、90年前に作られているのだよと言っているような気がするのは私だけだろうか。

ハムステッド駅のそばにはコーネル・ワード・ルーカスが設計した住宅がある。そのすぐ近くにサン・ハウスと名づけられたグロピウスが関わった住宅もある。

イソコン・フラットについては、「ブリティッシュ・スタイル170年展」西武美術館、1987年カタログ参照。

▲▶ハイポイント2：外観(左)、カリアティード(右)

テーマのある旅 ❽

イギリスの近代建築を巡る旅
―技術・環境としてのトータル・デザインを目指して―

渡邉研司（建築家・東海大学教授）

●最も偉大なイギリス人

少し前のことだが、2002年にBBCが最も偉大なイギリス人100名を大衆に選ばせたことがあった。ノーマン・フォスターやリチャード・ロジャーズ、古くは50ポンド紙幣のデザインとなったクリストファー・レンらが建築家としてランクインしているものと思っていたが、なんと100名の中に建築家は一人も入っていなかった。イギリスといえども大衆にとってみれば、建築家の存在は日本と同様、それほど大きいものでないのかもしれない。

　それはさておき、ではベスト10には誰が入ったのか？　栄えある1位は、第二次世界大戦中、ナチス・ドイツの無差別攻撃にくじけそうになっているイギリス人を鼓舞し続け、戦勝に導いたとされるウィストン・チャーチルである。本書で紹介した**ブレナム宮殿**は彼の生家でもある。

　ほかにもダイアナ元妃（3位）やシェイクスピア（5位）、ジョン・レノン（8位）など、日本でも知名度の高い人物がランクインしているが、ここで注目したいのは科学技術分野のイギリス人である。6位にニュートン、4位にダーウィンが入っている。ちなみにダーウィンが『種の起源』を執筆するなど生涯のほとんどを過ごしたのは、ロンドンから南東に22キロほど離れたケント州ブロムリー近郊のダウン村にあるダウン・ハウスである。もとは牧師館であったこの建物は18世紀にみられるマナーハウスのスタイルであり、ヴィクトリア朝の装飾はなく、外観はシンプルである。ダーウィンはロンドンの喧騒を避け、それでいてロンドンに通えるような住居を探したのであり、これはウィリアム・モリスが**レッド・ハウス**を建てた理由と時代的にも重

▲ロンドン自然史博物館の本館メインホールに立つダーウィン像

▲パディントン駅の駅舎架構

▲グラスゴー植物園キブルパレス（1873）。ジョン・キブル設計、鋳鉄とガラスが巧みに使われた美しい温室空間

なる。ロンドン中心部を避け、郊外の田園を有する場所に住居を構えることを組織的に行ったのが、**レッチワース・ガーデン・シティ**や**ハムステッド・ガーデン・サバーブ**である。

　また、ロンドンのハイドパーク南のケンジントン地区には、**ヴィクトリア&アルバート美術館**の隣にロンドン自然史博物館が、その本館のメインホールには巨大な**ダーウィン像**があり、西館としてダーウィン・センターが増築された。

　偉大なイギリス人の2位となったのは、橋梁の設計で有名なエンジニア、イザムバード・キングダム・ブルネルである。ほとんどの日本人には馴染みがないだろうが、橋梁ではないものの、ロンドンの**パディントン駅**の鉄骨架構はブルネルが手がけた建築であり、デヴォン州プリマスにある鉄道橋ロイヤル・アルバート・ブリッジやブリストルにある吊り橋クリフトン・ブリッジは、構法的にもデザイン的にも力強く、また優美で素晴らしい橋梁である。

●テクノロジーから生まれる建築

建築関連の分野において、イギリス人にとって想起しやすい偉大なイギリス人とは、建築家ではなく、シビル・エンジニア（土木技術者）であるブルネルであった。ブルネルと同様に、エンジニアとして19世紀に温室の建設に従事し、1851年のロンドン万国博覧会のメインパヴィリオンであるクリスタル・パレスを設計したジョセフ・パクストンの歴史的な評価からも、エンジニアリング（工学）とテクノロジー（技術）を、生活を豊かにする実学として捉えているイギリス人の気質がうかがえる。

　パクストンのクリスタル・パレスはその後、解体され、ロンドン南東のシデナムに増築した形でシデナム・クリスタル・パレスとして再建された。加えてブルネルの設計による2本の給水塔が建てられ、庭園に巨大な噴水が設置されると、ロンドン市民ばかりか世界中から次々と見学者が訪れにぎわったという。ちなみに、1872年には岩倉使節団が欧米視察の途中でクリスタ

▲アクアティクス・センター（2012）の外観。
ザハ・ハディド設計

▲ヴィクトリア・アンド・アルバート・ダンディー
（2018）。隈研吾設計、大きな孔となったアプロー
チが中央に水平に貫通する

ル・パレスを訪れ、各国の展示、噴水、
花火などに感動したことを伝えてい
る。シデナムのクリスタル・パレスは
1936年12月に全焼し、戦後、再建のた
めのコンペがあったものの実現せず、
現在は公園とスポーツセンターとして
使われ、地名とプレミアムリーグのチ
ーム名にその名が残っている。

　19世紀の建設当時の姿をよく残し
ている温室としては、設計した技術者
の名前を冠した**グラスゴー植物園キブ
ルパレス**がある。グラスゴーといえば、
日本の近代工学技術の発展を考える
うえで、非常に重要な都市である。マ
ッキントッシュによる建築やデザイン
が有名だが、もともと日本における工
学教育の始まりは、山尾庸三らの働き
かけによってグラスゴーからお雇い外
国人ヘンリー・ダイアーを工部大学校
の校長として招いたことにあり、日本
における工学技術教育の基盤となっ
たのである。

　グラスゴーには、20世紀を代表する
テクノロジーの賜物である車や電車な
どを展示するグラスゴー・リバーサイ

ド・ミュージアムがある。ザハ・ハディ
ドによる設計で、パラメトリックとい
う生命および脳神経科学からヒントを
得た設計手法を用いた、流れるような
空間を有する建築である。ハディドは、
この手法を使ってロンドンを中心にい
くつか建築作品を残している。なかで
も最も有名なのは、2012年ロンドン・
オリンピックの際に建てられた**アクア
ティクス・センター**だ。この施設は後
の改築を見越して設計され、いわゆる
SDGsに準じたかたちで建設が行われ
ている。これらの多くの技術的なコン
サルタントを担ったのは、ロンドンに
本社を置くアラップ社である。ほかに
もハディドによる作品としては、RIBA
の賞を獲ったエブリン・グレイス・アカ
デミーや、火薬庫を増改築した美術館
サーペンタイン・サックラー・ギャラリ
ーがある。

　グラスゴーに比肩するスコットラン
ドの都市エディンバラは、鉄道の走る
ヴァレー（渓谷）によって旧市街と新市
街が結ばれた美しい都市である。ここ
には、1890年に建設されたフォース湾

にかかる鉄道橋**フォース・ブリッジ**がある。この橋の設計には、当時グラスゴー大学に留学していた渡邊嘉一が、卒業後に片持ち梁構造原理の実験や工事監督に関わっていたことで知られる。フォース・ブリッジを渡ってエディンバラから北へ向かえば、スコットランド第4の都市ダンディーに至る。ここの港湾地区では隈研吾設計による**ヴィクトリア・アンド・アルバート・ダンディー**が2018年に完成し、薄く切り出した石積みのそのフォルムは、ダンディーの新たなランドマークとなっている。また、フォース・ブリッジを渡って北西方向へしばらく行くと、ダンファームリンという古都に着く。スコットランドが世界的な近代テクノロジーの源流といわれるのも、この**ダンファームリン**が、鉄鋼王と称されたアンドリュー・カーネギーの生地であることからもうかがい知れるだろう。20世紀初めには、パトリック・ゲデスがエディンバラの旧市街を中心とする保存・再生計画を行い、カーネギーの支援によってダンファームリン中心のピッテンクリフ・パークのコンペに参加し、保存的外科手術という手法を使って都市を再生しようとした。これは実現しなかったものの、市内の図書館などの文化施設は、カーネギーの寄付金によって建てられた。

●戦争の記憶からトータル・デザインへ
欧米には、テクノロジーの成果として、戦争博物館というものがある。イギリス・マンチェスターには、ダニエル・リベスキンド設計による**帝国戦争博物館北館**が建てられ、空気・土・水を表した3つの破片が構成する星座をコンセプトに、特徴あるスカイラインをマンチェスターにつくり出している。

このマンチェスターにある戦争博物館が北館といわれるように、本館としてロンドンのランベスには1815年に建てられた精神病院を増改築した帝国戦争博物館や、さらにその分館としてプール・オブ・ロンドンに浮かぶ英海軍のタウン級軽巡洋艦ベルファスト、ウェストミンスターのチャーチル戦争博物館がある。そのほかにも、戦時中に英米空軍の飛行場基地が置かれてい

▲ダンファームリンの目抜き通り

▲ダンファームリンの街並み。公園入口にある修道院廃墟

▲帝国戦争博物館北館（2002）。ダニエル・リベスキンド設計†。脱構築建築の見本のような姿だ

▲セント・パンクラス・インターナショナル駅構内（2007）。ノーマン・フォスター設計。19世紀以来のターミナル駅の姿を継承している

たダックスフォードには、飛行機の設計に憧れていたノーマン・フォスター設計によるダックスフォード戦争博物館が存在する。

フォスターによるロンドンでの作品には、**大英博物館グレート・コート、ロンドン・シティ・ホール、**ミレニアム・ブリッジ、**セント・パンクラス・インターナショナル駅構内**がある。シティ地区には、リチャード・ロジャーズによる**ロイズ・オブ・ロンドン**をはるかに超える高層ビルとなった**ザ・ガーキン**もある。シティのスカイラインに新たなかたちを刻みながらも、表面積を小さくする曲面ガラスを多用し、断熱効果の高い3重ガラスや空気の対流を促すアトリウムなど、SDGsや環境問題にも対処している。

19世紀半ばから鉄、鉄筋コンクリート、ガラスなどの新しい材料の生産とそれらを使ったテクノロジーの登場によって、それまで芸術家としてみなされていた建築家は、クリエイティブなエンジニアとして構造的・設備的な問題を専門家と共同してつくり出さざる

を得なくなった。そして、それまで建築とはみなされなかった土木建築物の温室やパヴィリオン、橋梁や駅舎などが新建材を用いてつくられ、イギリスからドイツ、アメリカへとその技術的発展が広がり、シカゴやニューヨークにはスカイスクレイパーが建つことになる。

その後、2度の世界大戦によって、それぞれの材料を使ったテクノロジーはロンドンの防空壕や戦争に関する施設や船着場などに使われ、リュベトキンやアラップといった多くのイギリスの建築家やエンジニアがそれらのプロジェクトに関わった。戦後には、クリスタル・パレスから生まれた建築生産の標準化と工業化が、集合住宅やCLASPと呼ばれる教育施設、建築家らによる学校建築の建設へと生かされていった。

1960年代には若い建築家らによる新しい建築の姿を文字通り"描き出す"アーキグラム・グループが、日本でのメタボリズム・グループと呼応して、生命体や自然の仕組みを建築や都市

▲ザ・ガーキン（30 セント・メリー・アクス）（2004）。ノーマン・フォスター設計。建設当時ロンドン一高いビルだったが、現在では高さをしのぐ多くの超高層ビルが建つ

▲エデン・プロジェクト（2001）。人工物と自然の共生をかたちで示した建築群だ

のデザインに生かし、提案していった。彼らの運動がきっかけとなり、一方では表層的で仮設的なポストモダニズムの建築へ、他方では反ポストモダニズムとしてモダニズムの思想を継承するが、いまだにスクラップ・アンド・ビルドな建築へと二分化していく。

　2000年代に入ると、いよいよ地球温暖化時代に待ったなしの対応が強いられるなか、アーキグラムの姿勢が彼らと同世代の建築家ニコラス・グリムショーにより見直され始めた。彼は、イングランド西端のコーンウォール州で、地元の経済復興を図りながら、露天掘りの閉山した鉱山跡を**エデン・プロジェクト**として実現させた。アメリカの構造家・発明家バックミンスター・フラーによるジオデシックドームの構造形式を取り入れながら、二重膜に空気を循環させるシステムと断熱効果で、植樹された環境を自然公園として覆った建築を設計した。

　この自然環境を覆い、生命体として持続継承していくという姿勢は、前述したアラップ社のコンセプトであるト

ータル・デザインと結びついている。その発想は、1851年ロンドン万国博覧会のメインパヴィリオンであったクリスタル・パレスの設計において、パクストンが会場敷地にあったニレの木を伐採するのではなく、その樹高に合わせて屋根のデザインをヴォールト状に変更し、自然環境として保存したことに端を発するのではないだろうか。つまりトータル・デザインとは、地球上の生命体という自然環境を、テクノロジーを使って持続共生していくためのかたちや姿勢を指すのである。なぜイギリス人は、このような思想に至ったのだろうか。その理由として考えられるのは、産業革命以前の17〜18世紀に、国土のほとんどの森林を船や建築、さらには木炭という燃料のために伐採してしまったという環境破壊に対する反省ゆえに、現在の環境問題に対する危機感や意識の高さがあるのではないだろうか。解体・新築信仰から抜け出せない日本において、私たちがイギリスから学ぶべきものは多い。

DENMARK
デンマーク

FINLAND
フィンランド

スウェーデン

NORWAY
ノルウェー

北欧4国

DENMARK／FINLAND／SWEDEN／NORWAY

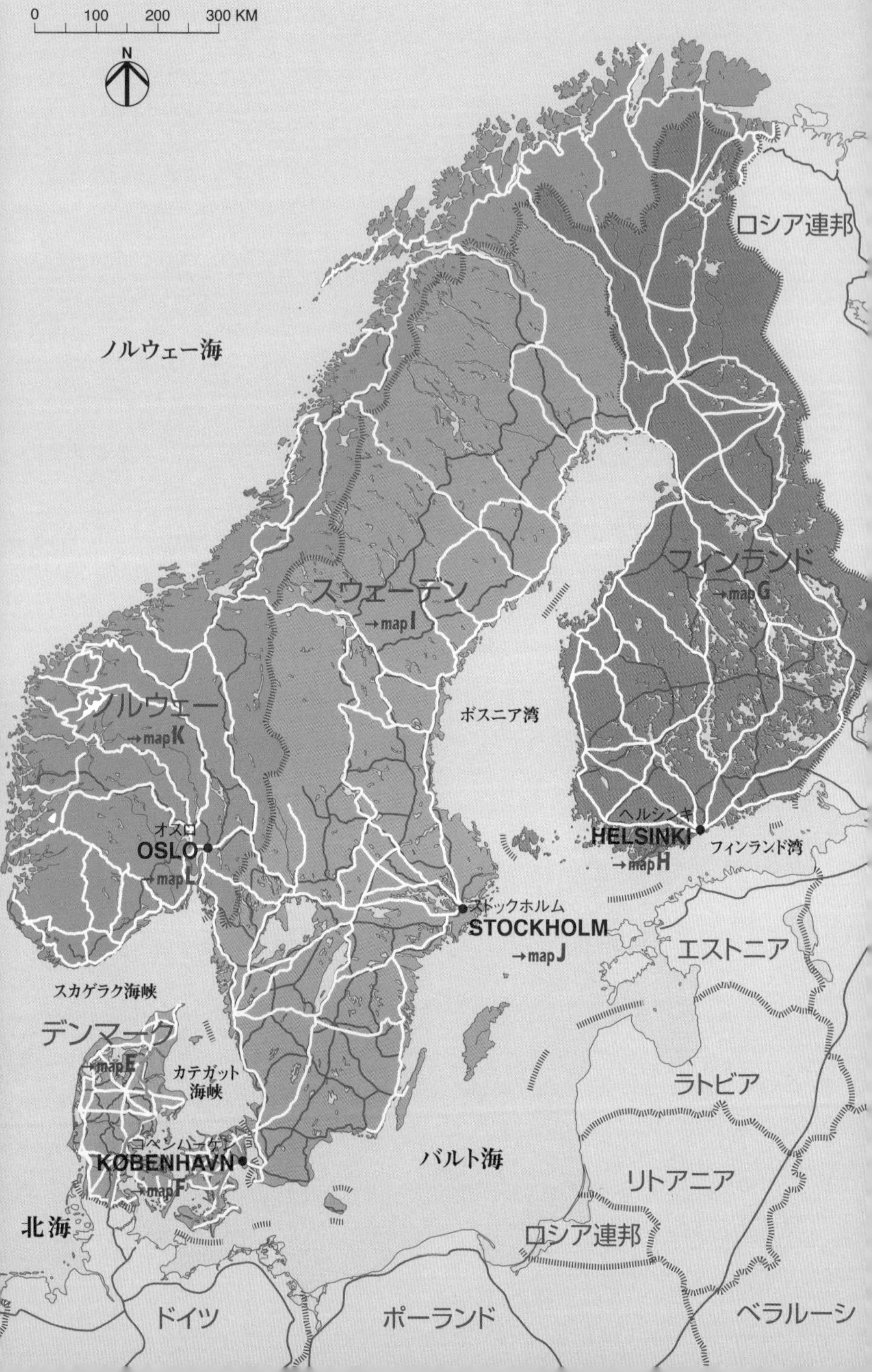

0　100　200　300 KM

N

北　極　海

ロシア連邦

ノルウェー海

スウェーデン
→map I

フィンランド
→map G

ノルウェー
→map K

ボスニア湾

ヘルシンキ
HELSINKI
→map H

フィンランド湾

オスロ
OSLO
→map L

ストックホルム
STOCKHOLM
→map J

エストニア

スカゲラク海峡

デンマーク
→map E

カテガット海峡

ラトビア

コペンハーゲン
KØBENHAVN
→map F

バルト海

リトアニア

北海

ロシア連邦

ドイツ

ポーランド

ベラルーシ

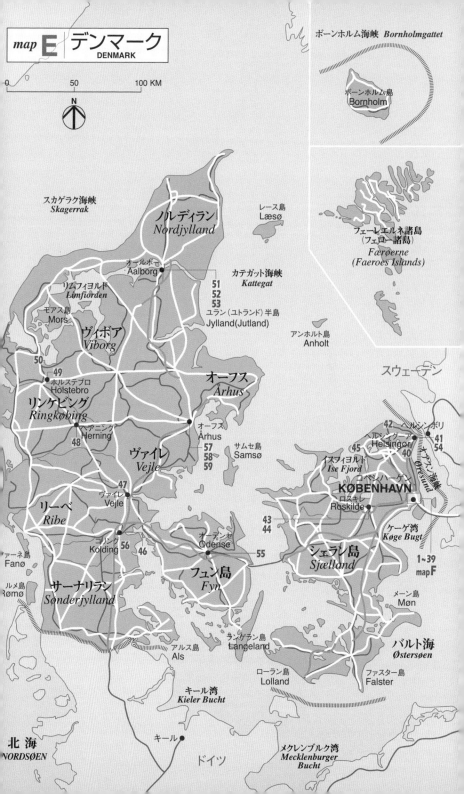

0   50   100 KM

N

ボーンホルム海峡 Bornholmgattet

ボーンホルム島
Bornholm

スカゲラク海峡
Skagerrak

レース島
Læsø

ノルディラン
Nordjylland

フェーレエエルネ諸島
（フェロー諸島）
Færøerne
(Faeroes Islands)

オールボ
Aalborg

カテガット海峡
Kattegat

リムフィヨルド
Limfjorden

51
52
53
ユラン（ユトランド）半島
Jylland(Jutland)

モアス島
Mors

ヴィボア
Viborg

アンホルト島
Anholt

スウェーデン

50

49
ホルステブロ
Holstebro

オーフス
Århus

リンケビング
Ringkøbing

オーフズ
Århus

42 ヘルシンゴーア
ヘルシングーア
Helsingør

41
54

ヘアニング
Herning

57
58
59

サムセ島
Samsø

45

40

48

ヴァイレ
Vejle

イスフィヨルド
Ise Fjord

コペンハーゲン

ヴァイレ
Vejle

47

KØBENHAVN

リーベ
Ribe

コリング
Kolding

56

46

ロスキレ
Roskilde

43
44

ケーゲ湾
Køge Bugt

アーネ島
Fanø

オーデンセ
Odense

55

シェラン島
Sjælland

1～39
map F

ルメ島
Rømø

サーナリラン
Sønderjylland

フュン島
Fyn

メーン島
Møn

アルス島
Als

ランゲラン島
Langeland

バルト海
Østersøen

キール湾
Kieler Bucht

ローラン島
Lolland

ファスター島
Falster

北 海
NORDSØEN

キール

ドイツ

メクレンブルク湾
Mecklenburger
Bucht

グルントヴィ教会
Grundtvigskirke
17

フリッツ・ハンヤン社家具工場へ
Fritz Hansen
PPモブラー社家具工場へ
PPMøbler

24

Rådvadsvej

Bispebjerg Kirkegård

UTTERSLEVMOSE

Tuborg Vej

Frederiksborg Vej

Tagens Vej

Lersø-

Parkallé

Lersøparken

Bispebjerg

Rovsings gade

Harålds gade

Brønshøj-
parken

Frederikssunds Vej

Utterslevvej

Tomsgårds Vej

Glasvej

Borupsallé

Beltahoj Vej

Hulgårds Vej

Rødkilde
Park

Mågevej

ヌレブロ駅
Nørrebro

Mimersgade

Tagens Vej

Hillerødgade

Fuglebakken

Bispeengbuen

Nordregade

Nørrebro-
parken

Nørrebrogade

Jagtvej

NØRREBRO

Borupsallé

Grøndalsvænge Allé

アシステン墓地
Assisten Kirkegård

Grøndals Parkvej

Grøndal

Godthåbs Vej

Ågade

Rantzausgade

Griffenfeldsgade

C.F. Richs Vej

Nordre Fasanvej

Falkoner Allé

Aboulevard

16

Ⓜ
Forum

Ⓜ
Lindevang

Ⓜ
Solbjerg

Ⓜ
Frederiksberg

H.C. Ørsteds Vej

Vodrofs Vej

↑ **25~27**

Dalgas Boulevard

Bangs Vej

Smallegade

Allégade

Gammel Kongevej

FREDERIKSBERG

フレデリクスボー公園
Frederiksberg Have

Frederiksberg Allé

Vesterbrogade

map **F** | コペンハーゲン
KØBENHAVN

VESTERBRO

↓ **30**

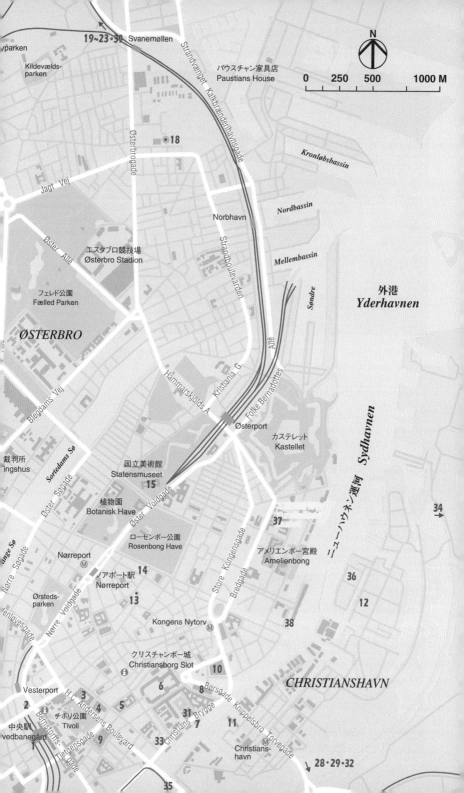

1 コペンハーゲン中央駅　　　map F

Københavns Hovedbanegård
❶Heinrich Wenck　❷1911
❸Banegårdspladsen 5-7

正面外観はレンガ積みのナショナルロマンティシ
ズム様式。等間隔で並ぶ石造の柱の上に架けられ
たダイナミックな鉄骨の構造にトップライトから
の光が差し込む。ホールの内部には、部分的に原
色使いをした色鮮やかなショップや洗練されたサ
イン計画があり、デンマークのインダストリアル
デザインの質の高さも同時に体験できる。

2 SAS ロイヤル・ホテル　　　map F

SAS Royal Hotel
❶Arne Jacobsen　❷1961
❸Vesterbrogade / Hammerichsgade 1

コペンハーゲン中央駅の北側に建つ、22階建て
の灰色の高層ホテル。車や鉄道の騒音を避ける
ために垂直方向に伸びた形になったが、駅周辺に高
層ビルが少ないのでよく目立つ。エントランスホ
ールの螺旋階段は細い線材で吊られた繊細なデザ
イン。またヤコブセンのデザインした当初のまま
の客室も残されており、予約すれば宿泊可能。

3 コペンハーゲン市庁舎　　　map F

Københavns Rådhus
❶Martin Nyrop　❷1905
❸Rådhuspladsen

20世紀初頭の都市部への急速な人口流入に応じ
てつくられた市庁舎。設計競技の結果、ナショナ
ルロマンティシズム様式のニーロップ案で建設さ
れた。回廊式の建物で、2つの中庭があり、その
ひとつにはガラス屋根が架かっている。左右対称
形の主屋に高くそびえる時計台がついた外観に
は、イタリア・シエナ市庁舎の影響が見られる。

4 旧デンマーク・デザインセンター　*map F*
Dansk Design Center
❶Henning Larsen　❷2000
❸H.C.Andersens Boulevard 27-29

デンマークのデザイン事情やデザインの変遷がわかるデザインセンター。デンマークのプロダクトデザインの質は高く、洗練されたデザインの椅子やステレオなどの製品は日本でも広く知られている。楕円柱の建物と落ち着いた中庭を挟んで、通り側に6階建て、奥に2階建ての建物が建っている。デザインセンターは2018年にBLOXに移転した。

5 デンマーク国立博物館　*map F*
Nationalmuseet
❶N. Eigtved / Bornebusch　❷1745 / 1991（改築）
❸Frederiksholms Kanal 12

フレデリック5世が皇太子時代の住居としていた宮殿を、何度か所有者が代わった後、国立博物館に改修。複数の棟をロの字型に配置している。各棟をつなぐ庭にガラスの屋根を架けて室内化し、階段を付け加え、動線が明解になるように工夫している。運河側の棟が低く抑えられているために、威圧感を感じさせない。

6 クリスチャンボー城　*map F*
Christiansborg Slot
❶E. D. Hausser, N. Eigtved, T. Jørgensen（再建）
❷1745 / 1918（再建）　❸Frederiksholms Kanal

過去、何度も戦争や大火による破壊を繰り返してきた城。城には堀に架かる橋を渡って入る。現在残っているネオバロック様式の部分の大半は1918年に再建。他の北欧諸国の城に比べて、装飾性が強く、デンマークが地理的のみならず、文化的にも中央ヨーロッパから大きな影響を受けていることがよくわかる。

7 デンマーク王立図書館（新館）　*map F*
Udbygning af Det Kongelige Bibliotek
❶Schmidt, Hammer & Lassen　❷1999
❸Sørens Kierkegaards Plads 1

ニューハウネン運河沿いに建つ現代的デザインの王立図書館・新館。南アフリカ産の黒色花崗岩を貼った外壁により、通称「ブラックダイヤモンド」。運河側の街路から始まる2本の動く歩道が、途中、斜めに架かった空中ブリッジの下をかすめ、3階アトリウムまで直接つながる。旧館と新館は通りの上に架かる3本のブリッジで連絡している。

8 旧証券取引所　*map F*
Børsen
❶Lorenz, Hans van Steenwinkel 他　❷1625
❸Slotsholmsgade og Børsgade

道沿いに長い赤レンガの外壁が続く事務所建築。小刻みに突き出た屋根があるため単調さを感じさせない。建築当初、下階に梱包室、上階に店舗と事務所が入っていた建物は、証券取引所に改修され、その後も改修が繰り返された。外壁には、黄色いレンガに覆われていた証券取引所時代の名残も見られる。

9 カールスバーグ彫刻美術館（新館） *map F*
Ny Carlsberg Glyptotek

❶V. Dahlerup, H. Kampmann/ Henning Larsen
❷1906 / 1996（改修）　❸Dantes Plads 7

ダンテ広場にある古典様式の美術館の中庭に増築された美術館。イタリア・カッラーラ産の大理石の白く輝く外観が、来館者の心を和ませる。スロープや階段を巧みにとり混ぜながら来館者を屋上テラスへと誘う。薄暗く長い階段の先にエジプト美術展示室があるなど、展示内容と空間の雰囲気をうまく関係付けた設計。

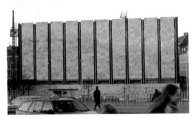

10 デンマーク国立銀行 *map F*
Danmarks Nationalbank

❶Arne Jacobsen, Dissing + Weitling　❷1971
❸Havnegade 5

屋上庭園のある低い建物と中庭のある高い建物の2棟で構成された建物。運河側の外観は、灰色の石壁で完全に閉ざし、通りに沿った長手側の面はガラス張り。18世紀の港の倉庫に特徴的な垂直線の強いデザインを踏襲しながら、シャープで現代的な外観を実現した。エントランスホールの細い線材で吊られた階段は必見。

11 デンマーク建築家協会 *map F*
Arkitekternes Hus

❶Nielsen, Nielsen & Nielsen　❷1996
❸Strandgade 27

現在のデンマーク建築界をリードする建築家によるガラス張りの建物。運河側から細長い2棟が順に並び、空中ブリッジ、階段、エレベーターが結ぶ。1階には、2棟を貫く階段状の大展示室がある。運河側のガラス面の内側に付いた木製ルーバーで日差しを調整できる。建築全般の情報が入手できる建築センターが隣接している。

12 王立芸術アカデミー建築学校 <small>map F</small>
Kunstakademiets Arkitektskole
❶Vilhelm Lauritzen ❷1996
❸Holmen Docks

1991年に撤退した軍用施設の大々的な改修による、芸術系教育施設。アートを制作する学生用のスタジオ、展示スペース、講演会ホールなど全部で7棟。大学のキャンパスのように灰色レンガの建物の間に中庭や通路が配されている。内部の壁と天井の架構は白く、ホールには繊細なつくりのペンダント・ランプが吊されている。

13 トリニタティス教会とラウンドタワー <small>map F</small>
Trinitatis Kirke, Rundetårn
❶J. Scheffel, H. v. Steenwinkel the younger, I. &J.Exner
❷1637-56 ❸Købmagergade 52

クリスチャン4世によって天文観測所として建てられた円形の平面をした高さ36mの北欧ルネサンス様式の塔と大学に付属した教会。屋上に出ると旧市街を見下ろせる。教会の屋根裏には大学図書館とアンティークの収蔵スペースがある。脇の広場にある、彫刻的な階段やオブジェなどは、繊細なデザインである。

14 旧デンマーク・フィルムセンター <small>map F</small>
Filmens Hus
❶Nielsen, Nielsen & Nielsen ❷1996
❸Gothersgade 59

市の中心部の歴史的な建物の外壁を残し、フィルムセンターに改修。内部は、1階と地下1階が吹抜けになった楕円形の大空間に、映写室が入った2階建ての大きな箱形の棟がはめ込まれた構成になっている。映写室の座席総数は318。カフェ、ホールなどもある。街路から、建物内部の様子がうかがわれる。

15 国立美術館 <small>map F</small>
Statens Museum for Kunst
❶V. Dahlerup & G. E.W.Møller / C.F.Møller
❷1896 / 1997（改修）❸Nyvestergate 10

1884年に焼失したクリスチャンボー宮殿の跡にできた美術館。レンガを主体とした外観は、左右対称形で威厳がありながら、華麗さを兼ね備える。建物中央には凱旋門を思わせる造りの入口があり、玄関ホールの外階段は力強さを感じさせるデザイン。裏庭に増築された大階段のある細長い空間は、展示室としても利用されている。

16 ラジオハウス <small>map F</small>
Radiohuset
❶Vilhelm Lauritzen ❷1936-42 / 1956
❸Rosenørns Allé 22, Frederiksberg

北欧における機能主義様式の記念碑的な建物。1200席のコンサート・ホールのドーム型屋根は、厚さ12cmの薄いコンクリートのシェル構造によって大空間を実現している。内部では、音響効果を上げるために吊るされた波打つ天井が目を引く。フィン・ユールがラウリッツェン事務所勤務時に担当した作品としても知られている。

17 グルントヴィ教会
map F
Grundtvigskirke

❶Peder Vilhelm, Jensen-Klint ❷1921-40
❸På Bjerget, Bispebjerg

パイプオルガンの形をモチーフとした表現主義に
通じる斬新な外観の教会。遠くからでも目にとま
る奇抜な形の建物でありながら、周囲の伝統的な
街並みとも不思議と調和している。複雑な形状の
外観を構成するレンガ積みには、伝統的な職人技
術の高さが感じられる。平面は、デンマーク古来
からの伝統的な形。

18 ウスタ・ガスヴェック劇場
map F
Østre Gasværk

❶Martin Nyrop / KHR AS arkitekter ❷1883 / 1997(改修)
❸Nyborggade 17, Østerbro

直径47mのガスタンクと付属施設を、劇場空間
に改修。弧を描く壁面に丸窓が2層分並んだ、一
風変わった外観。ガスタンクに使われていたドー
ム状の空間の内部は、劇場とホワイエとバーに改
修され、時を積み重ねた味わい深い壁面が、ライ
トアップの中にその姿を浮かび上がらせる。産業
遺産の建築と現代アートがうまく融合した建築。

19 ガソリンスタンド(旧テクサコ社)
map F
Texaco Tank

❶Arne Jacobsen ❷1936
❸Kystvejen 24, Skovshoved, Gentofte

この建物の設計者ヤコブセンがデザインした椅子
「アリンコチェア」を巨大化したような形の庇を
もつガソリンスタンド。年数が経過してひずんだ
庇を柱で補強した無惨な姿をさらしていたが、近
年、当時のすっきりした庇に修復された。建物が
もつ機能をそのまま形で表現した明解な外観。壁
面は部分的に、ガラス・ブロックが使われている。

20 キレスコウ水泳場
Kildeskovshallen
map F

❶Karen & Ebbe Clemmensen, Jarl Heger　❷1972
❸Adolphsvej 25, Gentofte

デンマークの中でも有数の、美しい屋内プール施設。建物の外観は、ガラスの大壁面と細い多数の線材で構成された落ち着いたデザイン。立体トラス構造で支えられた陸屋根が、屋外まで突き出て庇となっている様子は、すがすがしさを感じさせる。空間としてはつながりながら、各室の天井の高さは必要に応じて様々である。

21 ベルヴュー劇場
Bellevue Teatret
map F

❶Arne Jacobsen　❷1932-37
❸Strandvejen 451, Klampenborg, Gentofte

ベルヴュー海岸沿いに建つ「夏の劇場」。壁は青と白の縞模様のテント生地で覆われ、天候に応じて開閉できる屋根など、使い勝手を尊重した形がデザインとしてもユニークな形となっている。南側の大きなレストランにある、ヤコブセンのデザインした曲げ木の椅子は後にフリッツ・ハンセン社から商品化された。

22 ベルヴューの住宅地区
Bellevuebadet
map F

❶Arne Jacobsen　❷1932-61
❸Strandvejen 419-33, Klampenborg, Gentofte

地元出身の建築家ヤコブセンによる首都近郊の高級住宅リゾート地の計画。ビーチの更衣室・売店から、海沿いの劇場とレストラン、ベルヴィスタ集合住宅、ベルヴュー・ボグト集合住宅などがある。中でも彼の住んでいたスーホルムIは秀作。海を切取って見せる方形窓、角度を振った傾斜屋根の連なりに律動感が感じられる。

23 ルダースダル(旧スルゴル)市庁舎
Rudersdal Rådhus
map F

❶Arne Jacobsen, Flemming Lassen　❷1942
❸Øverødvej 2, Søllerød

事務室のある大きな直方体に会議室のある小さな直方体が貫入したような外観。2つの直方体の重なった部分にある階段とエレベーターから、玄関ホールへ直結した機能的なプラン。外観には縦軸回転開閉式の正方形ガラス窓が規則正しく並んでいるが、灰色のポルスグランド大理石壁の模様によって単調さを感じさせない。

24 バウスヴェア教会
Bagsværd Kirke
map F

❶Jørn Utzon　❷1976
❸Taxvej 16, Bagsværd, Gentofte

コペンハーゲンの北郊外にある教会。簡素な外観は工場のようで、教会に見えないが、内部に足を踏み入れたとたんそのイメージは大きく変わる。外観と対照的に、曲面状にうねる、白く塗られた天井が特徴。奥行きのある空間に外部から光が差し込み、荘厳な宗教建築を超えた特異な美しさを感じさせる。

25 ムンケゴー小学校

Munkegårdsskolen

❶Arne Jacobsen　❷1948-57
❸Vangedevej 178, Gentofte

map F

並列する教室棟は子供の目線に応じて低層に抑えられ、2教室ごとに廊下で区切られた中庭は、タイルや植栽にそれぞれ個性がある。明るい黄色のレンガ壁、アルミ屋根、教室の傾斜天井や光の入る高窓にも、子供が学ぶ場としての健やかさや伸びやかさが見事に表現されている。芝生のグラウンドからは明快で美しい建物の構成が望める。

26 ロドオウア市庁舎

Rødovre Rådhus

❶Arne Jacobsen　❷1956
❸Rødovre Parkvej 150, Rødovre

map F

ガラスによる洗練されたデザインの市庁舎。長い南北面がガラス張りの細長い3階建ての事務所棟と、短い東西面がガラス張りの平屋の会議室棟をガラス張りの廊下が結ぶ。事務所棟内部は、ガラス面沿いの構造柱をなくし、開放的。鉄骨とガラスによる階段とエレベーターには、無駄をそぎ落とした美しさがある。会議室の照明器具も特徴的。

27 ロドオウア市立図書館

Rødovre Hovedbibliotes

❶Arne Jacobsen　❷1969
❸Rødovre Parkvej 140, Rødovre

map F

長方形の平面に等間隔で柱が並ぶ構成が、ドイツ生まれの世界的建築家ミースを思わせる図書館。入口正面の講義室には、どっしりとした大屋根が架かる。壁面の軽さと屋根の重さが対比的に外観に表現されている。外周を壁で閉じ、帯状に並ぶ中庭から内部空間に光を取り込む。ガラス面越しに別棟の内部まで見通せるため広々と感じる。

28 ドラウアの街並み

Dragør

❷17世紀
❸Dragør（アマー島の西端）

map F

わずか300m四方に民家が集まる町。かつては漁村としてニシン漁で栄え、17世紀にはオランダ移民による農業の街となった。当時の街並みを保存するため、市の条例により、改築や新築の際、外観スタイル、色調、使用する建材が制限されている。黄色い壁、背の低い藁葺き屋根の家々、迷路のような道など、おとぎの国にでてきそうな街並み。

29 カストラップ空港

Københavns Lufthavn, Kastrup

❶Vilhelm Lauritzen 他（増築）　❷1939 /1998（増築）
❸Flyvervej 22, Kastrup

map F

古い建物は2層吹抜けのロビー部分の波のようにうねった天井が特徴的。増築された西側のターミナル棟は、9m間隔に並ぶコンクリート造の柱が円弧を描く屋根を支えている。内部はガラス面を多用した軽快な仕上がり。コペンハーゲン中央駅行きの鉄道駅ホームへは、三角形の大屋根を架けたターミナル3からアクセスする。

30 コンサートホールVega
map F

Vega

❶Vilhelm Lauritzen ❷1956
❸Enghavevej 40

鉄筋コンクリートとガラスのシンプルかつ堂々としたファサードが印象的である。設計は「デンマークモダニズムの父」と称されるヴィルヘルム・ラウリッツェンが担当し、インテリアや内装にもこだわり抜き、機能主義の傑作たらしめた。一時は閉館・取り壊しの危機にあったが、1996年にコンサートホールとして再オープンした。

31 デンマーク・ユダヤ博物館
map F

Dansk Jødisk Museum

❶Daniel Libeskind ❷2003（改築）
❸Proviantpassagen 6

デンマークに移住したユダヤ人コミュニティの多様性や文化を紹介する博物館。建物は17世紀初頭に建てられ、1906年に王立図書館として組み込まれた後、2003年に現在の姿に改築された。改築はダニエル・リベスキンドが担当し、内部は傾斜する木製パネルの壁や床、差し込む光などで構成された、脱構造主義的なダイナミックな空間が広がる。

32 DRコンサートホール
map F

DR Koncerthuset

❶Jean Nouvel ❷2009
❸Ørestads Boulevard 13

建築家ジャン・ヌーヴェルが手掛けたコンサートホール。外観は隕石に見立てて設計したという。内部は、円形劇場のような構造で、壁が波打つように多彩な曲線を描いている黄金色のホールをはじめ、個性豊かな4つのコンサートホールで構成されている。音響設計は豊田泰久が手掛けた。

33 BLOX
map F

BLOX

❶OMA ❷2018
❸Bryghuspladsen

コペンハーゲン港の入江に面して立つ、地上5階建て、延べ面積28,000㎡の大型複合施設。巨大なガラスブロックが積み重なったような造形は、コペンハーゲンの新たなランドマークとして定着した。内部にはデンマーク建築センター、展示スペース、オフィス、住戸、カフェなどがあり、屋上や屋外エリアにはフリースペースが設けられている。

34 コペンヒル
map F

CopenHill

❶BIG ❷2019
❸Vindmøllevej 6

老朽化したゴミ処理施設を最新鋭の廃棄物焼却発電所に建て替え、さらにその屋根にスキー場を設けた都市型マウンテンスポーツの中心地。山のない国デンマークに山をつくり、ゴミ焼却発電所として稼働しつつ、屋上のゲレンデやハイキング・ランニングコースのほか、クライミングウォールなどのスポーツ施設も併設されている。

35 コペンハーゲンのハーバー・バス map F
Copenhagen Harbour Bath
❶BIG, JDS ❷2003
❸Islands Brygge 14

コペンハーゲン港に浮かぶ公共屋外プール。スカンジナビアの森林から伐採した木材でつくられ、ポンツーンの上に設置されている。ビーチに泳ぎに行く感覚で港へ行ったり、公園のように立ち寄ったりと、気軽に水に触れることができる港町ならではの施設だ。

36 オペラハウス map F
Operaen
❶Henning Larsen ❷2005
❸August Bournonvilles Passage 8

250年を超える歴史を持つデンマーク王立劇場の向かいのニューハウネン運河沿いに、2005年に新しいオペラハウスが開館した。ヘニング・ラーセンが設計し、内部の大ホールは木製の外殻で覆われ、ガラス張りのファサードと外殻との間を歩道橋や階段が巻貝のようにダイナミックにつないでいる。

37 デザインミュージアム・デンマーク map F
Designmuseum Danmark
❶Ivar Bentsen, Kaare Klint ❷1926（改修）
❸Bredgade 68

デンマーク・デザインの玄関口ともいえる博物館。デンマークをはじめ世界の工業デザイン・美術産業・手工芸品の展示を行っている。建物は1750年代に建設されたロココ様式の旧王立フレデリックス病院を改築したもの。建物中央の庭園は都会のオアシスとして親しまれている。2020年から大規模な改修工事が行われ、2022年に再オープンした。

38 デンマーク王立プレイハウス map F
Skuespilhuset
❶Lundgaard & Tranberg Arkitekter ❷2008
❸Sankt Annæ Plads 36

演劇のための国立センター。コペンハーゲン港に面した立地を活かし、海に突き出るようにして浮かぶ広場や遊歩道が周囲に配され、水辺へ簡単にアクセスできるようになっている。場内には3つのステージがあり、そのうちのレンガ造のラージ・ステージは、洞窟のような雰囲気を醸しつつ、世界最高レベルの音響と評されている。

39 オードロップゴー美術館 map F
Ordrupgaard Museum
❶Gotfred Tvede/Zaha Hadid/Snøhetta ❷1916-18/2005/2021
❸Ordrupgaard Vilvordevej 110

ヴィルヘルム・ハマスホイをはじめとするデンマークの近代絵画やフランス印象派などを収蔵する美術館。本館は美術収集家・保険会社社長であったハンセン氏の元邸宅である。2005年にザハ・ハディドが、2021年にはスノヘッタがそれぞれ増築を担当した。庭園ではフィン・ユール自邸を見学することができる。

40 ルイジアナ美術館
Louisiana Museum for Moderne Kunst 　*map E*

❶Jørgen Bo, Vilhelm Wohlert　❷1958
❸Gl. Strandvej 13, Humlebæk

遠くに海を望む広大な敷地にある美術館。地上と地下に回廊を巡らし、内部は回遊性をもつ展示空間。現代アートのすばらしいコレクションとともにシンプルで研ぎすまされたデザインの建物。閲覧順路の途中には、カフェや子供遊戯室などがあり、館内でゆっくり過ごせるように工夫されている。一流キュレーターを多数輩出。

41 キンゴー・テラスハウス
Kingo Husen 　*map E*

❶Jørn Utzon　❷1960
❸Gurrej, Kingosvej, Elsinore, Helsingør

土地の自然な形状を生かして雁行した平屋の集合住宅。外に対して完全に閉じた住戸はそれぞれL型住居と中庭を持ち、レンガ壁と瓦屋根による穏やかな佇まい。建物の配置や間取りは、将来的な変更や拡張に適応しやすい。近代建築でありながら、伝統や風土を意識したテラスハウスで、世界の集合住宅史に大きな影響を与えた。

42 クロンボー城
Kronborg Slot 　*map E*

❶J.Magdahl Nielsen（改修）　❷1929（改修）
❸Elsinore, Helsingør

スウェーデンとの間の海峡を見下ろすルネサンス様式の城。シェークスピアの没後200年を記念した舞台「ハムレット」を繰り返し上演したことで広く知られている。監獄としての使用、デンマーク女王の幽閉、第二次世界大戦中のナチス・ドイツの占拠など数々の歴史を刻んできた。2000年に世界遺産に登録された。

43 ロスキレ大聖堂　　　　　*map E*
Roskilde Domkirke

❶Bishop S. Nordman, Bishop Abusalon　❷1080 /1280
（建替）/1536（改修）❸Domkirkestræde 10, Roskilde

ロマネスク様式とゴシック様式が混在した大聖堂。
遷都以前は政治・文化の中心だったロスキレに、
王宮や11世紀には司教座も置かれていたため、マ
ルグレーテ1世以降、歴代国王が埋葬されている。
レンガ造りの外観は、建て替えられた13世紀当
時としては珍しい。ルネサンス期のフレスコ画は
必見。1995年にユネスコ世界遺産に登録。

44 ヴァイキングシップ博物館　　　*map E*
Vikingskibshallen

❶Erik Christian Sørensen　❷1968
❸Strandengen, Roskilde

海からの外敵から村を守るために沈めた5隻の船
を引き上げて展示した博物館。フィヨルドに面し
た公園内に建つ。コンクリート打放しの外観は、
ル・コルビュジエの影響を強く感じさせる。内部
は、曲線を使ってシンプルにまとめた展示空間。
屋外の水盤に面したガラス張り空間に展示されて
いるヴァイキング船を観賞できる。

45 トールップ・エコロジカル村　　*map E*
Økologisk Landsbysamfund Torup

❷1990
❸Håendrupvej 6, Torup, Hundested

13万㎡の敷地に100人ほどの人々が、環境に配慮
した独自のスタイルで生活しているコミュニティ。
三角形と五角形を組み合わせた木造ドーム住居が
敷地内に点在する。外壁には厚さ20cmの断熱材
が入っている。ゴミ資源のリサイクルシステムや
水質浄化、自給自足用の食糧供給システムなど、
環境問題への一つの解答を示している。

46 コリングフス城美術館　map E
Koldinghus Slot

❶Inger & Johannes Exner（改修）　❷1720 / 1972-94（改修）
❸Kolding

1720年に建てられた古城を、150年間の空白の時を経て美術館に改修。ゴシック様式の建物に4つのルネサンス様式の建物とオランダ・ルネサンス様式の建物が増築された。歴史的な壁画はオリジナル部分と、新たに手を加えた部分とを明確に差別化して展示されている。城の歴史をたどりながら、過去と現代とのつながりが感じられる建物。

47 イェリング墳丘墓、ルーン文字石碑と教会　map E
Gravhøjene, Runestenene og Kirken i Jelling

❷10世紀-11世紀
❸Jelling（ユトランド半島東部）

デンマーク最大の2つの墳墓、教会、ルーン文字石碑が残るエリア。ルーン文字石碑は「デンマーク」という言葉が初めて使われた小さい石碑と、スカンジナビア最古のキリスト像が彫刻された大きい石碑の2つである。白壁の小さな教会の内部は質素だが、デンマークの宗教史を知る上で重要。1994年にユネスコ世界遺産に登録された。

48 ヘアニング現代美術館（HEART）　map E
Herning Museum of contemporary Art

❶Steven Holl　❷2009
❸Herning

アメリカ人建築家スティーヴン・ホールが設計し、2009年に開館した現代美術館。1930年代以降のデンマーク国内外の前衛的なアート作品が収蔵されている。真っ白な平屋建ての建物が広大な芝生の上に広がり、内部にはギャラリーのほか、音楽リハーサル室やメディア・ライブラリーなどもある。

49 ホルステブロ美術館　map E
Holstebro Kunstmuseum

❶Hanne Kjærholm　❷1981 / 1991（増築）
❸Museumsvej 2, Holstebro

単純なシステムでも様々な空間が生み出せることを表現した意欲的な美術館。5×5mの正方形平面の箱を多数つなげただけの単純な構造の建物は、広い敷地の要所要所で折れ曲がって中庭を取り囲む。所々にトップライトが仕込まれた3m幅のヴォールト天井は、外観の単調さを和らげると同時に、内部の展示空間に十分な光を取り込む。

50 バング＆オルフセン本社ビル　map E
Bang & Olufsens hovedbygning

❶KHR AS arkitekter　❷1998
❸Peter Bangs Vej 15, Struer

洗練されたデザインと音質の良さで、日本でも知る人ぞ知るステレオメーカー、バング＆オルフセンの本社ビル。内外とも、製品同様にシンプルで洗練されたデザイン。ガラスの2つの性質、光の反射と透過性を利用した外観は、時間や天候によって様々な表情を見せる。内部は、自社の製品がアクセントになったデザイン性の高い空間。

51 ウッツォン・センター

Utzon Center

❶ Jørn Utzon　❷ 2008
❸ Slotspladsen 4, Aalborg

map E

シドニー・オペラハウスの設計で知られる建築家
ヨーン・ウッツォンが生前最後に完成させた建物。
世界の建築家や最新の建築トレンドを紹介する企
画展、ヨーン・ウッツォンに関する常設展示など
を行っている。オペラハウスを彷彿とさせるダイ
ナミックな形状の屋根が印象的。リムフィヨルド
やオールボーの市街地の景色を一望できる。

52 北ユトランド美術館

Nordjyllands Kunstmuseum

❶ Alvar Aalto　❷ 1972
❸ Kong Christians Allé 50, Aalborg

map E

フィンランドの巨匠A.アールトがデンマークに残
した唯一の建物。屋根から突き出た3つの直方体
が象徴的な外観。内部は多目的に利用できる大き
な展示室がある一方で、細長い廊下に面して並ぶ
小さな展示室にはやさしく自然光を取り入れ、全
館にわたるきめ細かい配慮が見られる。間仕切り
壁も自由に移動できるように工夫されている。

53 イェンス・バング邸

Jens Bangs Stenhus

❷ 1624 / 1919　❸ Østerågade 9, Aalborg

map E

北欧ルネサンス様式による17世紀の豪商イェン
ス・バングの邸宅で、一般の住宅では北欧随一の
規模。赤レンガ造の外壁と3つの突き出た屋根が
美しい。1830年に薬剤商ストロイベア家の所有
となり、2014年まで薬局として営業していた。
現在は薬局博物館として予約制で見学可能。

54 マリタイム・ミュージアム (デンマーク国立海洋博物館) *map E*
M/S Museet for Søfart
❶BIG ❷2013
❸Ny Kronborgvej 1, Helsingør

中世以降のデンマーク商船団の歴史を伝える博物館。世界遺産のクロンボー城付近に2013年にオープンした。景観維持のため地下に建てられ、橋や階段で海面下8mに降りると、屋外展示場兼中庭として活用されている1955年築の埠頭へと降り立つ。この埠頭をぐるりと囲むようにして海面下の博物館が建っており、海洋の探索へと誘ってくれる。

55 ハンス・クリスチャン・アンデルセン美術館 *map E*
H.C. Andersens Hus
❶隈研吾建築都市設計事務所 ❷2022
❸H.C. Andersen Haven 1, Odense

童話作家アンデルセンの生誕地オーデンセに立つ美術館。アンデルセンの人生や作品の世界観を体感できる。大小の円を数珠つなぎにした平面構成や、展示室や庭をつなぐ曲がりくねった小道など、現実と想像を行き来しているような不思議な印象を生み出している。地上面のほとんどが庭となっており、街のオアシスとして親しまれている。

56 モラヴィア教会の入植地クリスチャンフェルド *map E*
Christiansfeld, a Moravian Church Settlement 🏛
❷1773 ❸Christiansfeld

ユトランド半島南部に建設されたモラヴィア教会の入植地。町の中央に教会広場があり、その周囲に住宅や公共施設が建つ。均整の取れた街並みは黄色のレンガ造り、赤色の瓦屋根の1〜2階建ての建物からなる。信仰共同体の理念が都市計画に表れていること、保存状態が優れていることから、2015年に世界遺産に登録された。

57 オーフス市庁舎
Aarhus Rådhus

❶ Arne Jacobsen & Erik Moller　❷1942
❸ Park Allé, Aarhus

大きな時計の付いた高い塔が際立つ市庁舎。様々
な大きさの4棟が、少しずつ重なりながらつなが
る。エントランスホールの先に長く続く、光に満
ちた吹抜けの中廊下は、洗練され美しい。直線階
段、螺旋階段、手摺り、照明器具は、素材の組み
合わせが巧み。家具は、デンマークを代表する家
具作家H.ヴェグナーと共同で手がけている。

map E

58 オーフスのハーバー・バス
Aarhus Havnebadet

❶ BIG　❷2018
❸ Bassin 7, Aarhus

デンマーク第2の都市オーフスにある屋外プール
施設。複層の木製デッキが半島のように海に飛び
出した形状をしており、ダイビングプール、子供
用プール、50mプール、サウナが併設されている。
展望台としても使える遊歩道があり、水遊びせず
とも楽しむことができる。

map E

59 モースゴー先史博物館
Moesgaard Museum, MOMU

❶ Henning Larsen Architects A/S　❷2014
❸ Moesgård Allé 15, Højbjerg

考古学・民俗学を物語的に体験することのできる
博物館。東ユトランド半島の海や森に囲まれた豊
かな自然の中で、景観の一部となって親しまれて
いる。大きく傾斜した屋根は芝生で覆われ、屋上
庭園として開放され、劇場やサイクリングトラッ
ク、マーケットなどにも活用されている。

map E

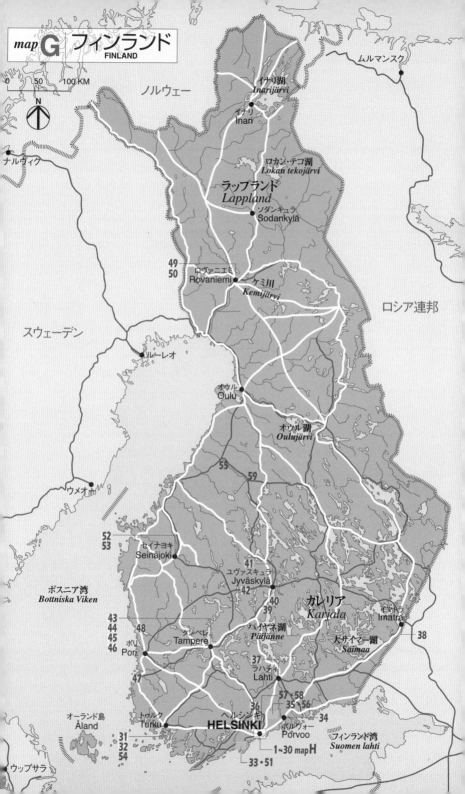

map **G** フィンランド
FINLAND

0　50　100 KM

N

ノルウェー

イナリ湖
Inarijärvi

イナリ
Inari

ムルマンスク

ナルヴィク

ロカン・テコ湖
Lokan tekojärvi

ラップランド
Lappland

ソダンキュラ
Sodankylä

49
50

ロヴァニエミ
Rovaniemi

ケミ川
Kemijärvi

ロシア連邦

スウェーデン

ルーレオ

オウル
Oulu

オウル湖
Oulujärvi

ウメオ

55　59

52
53

セイナヨキ
Seinäjoki

41
ユヴァスキュラ
Jyväskylä

42

40

39

カレリア
Karjala

イマトラ
Imatra

ボスニア湾
Bottniska Viken

ハイヤネ湖
Päijänne

大サイマー湖
Saimaa

38

43
44
45
46

48

タンペレ
Tampere

ポリ
Pori

47

37
ラハティ
Lahti

36

57・58
35・56

34

オーランド島
Åland

トゥルク
Turku

ヘルシンキ
HELSINKI

ポルヴォー
Porvoo

フィンランド湾
Suomen lahti

1~30 map **H**

ウップサラ

31
32
54

33・51

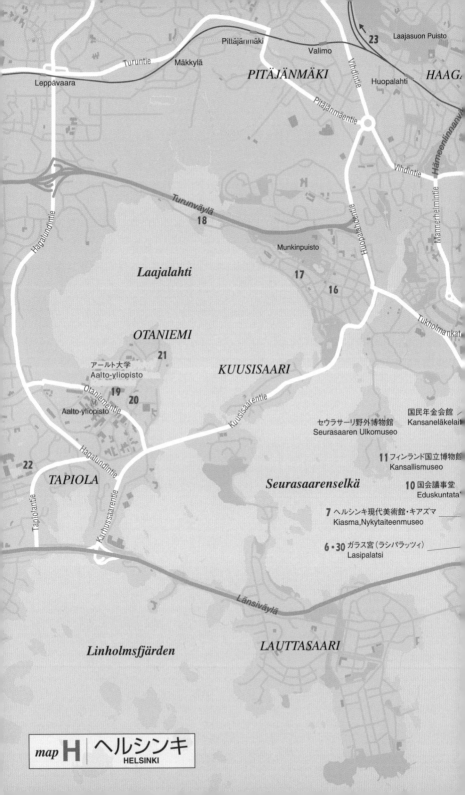

PITÄJÄNMÄKI

Pitäjänmäki

Valimo

Laajasuon Puisto

23

HAAGA

Turuntie

Mäkkylä

Leppävaara

Huopalahti

Pitäjänmäentie

Vihdintie

Hämeenlinnanväy

Hagalundintie

Turunväylä

18

Vihdintie

Mannerheimintie

Munkinpuisto

17

16

Huopalahdentie

Tukholmankatu

Laajalahti

OTANIEMI

21

KUUSISAARI

アールト大学
Aalto-yliopisto

Kuusisaarentie

国民年金会館
Kansaneläkelai

Otaniementie

19   20

セウラサーリ野外博物館
Seurasaaren Ulkomuseo

Aalto-yliopisto

Hagalundintie

Seurasaarenselkä

11 フィンランド国立博物館
Kansallismuseo

22

Karhussaarentie

10 国会議事堂
Eduskuntata

TAPIOLA

7 ヘルシンキ現代美術館・キアズマ
Kiasma,Nykytaiteenmuseo

Tapiolantie

6・30 ガラス宮(ラシパラッツィ)
Lasipalatsi

Länsiväylä

Linholmsfjärden

LAUTTASAARI

map **H** | ヘルシンキ
HELSINKI

Maunulanpuisto

Käpylä

15

Ilmala

Hakamäentie

Tuusulanväylä

Mäkelätie

Koskelantie

Lahdenväylä

ヘルシンキ工芸大学
Helsingin Taideteollinen Korkeakoulu

TOUKOLA

Toukolan
rantapuisto

Vanhankaupunginselkä

Kustaa Vaasan tie

RUSKEASUO

Rataphantie

パシラ駅
Pasila

Savonk

Teollisuuskatu

Mäkelänkatu

Hämeentie

Hermannin rantatie

Sörnainen

Varastokatu

Kulosaari Ⓜ

Nordenskiöldinkatu

オリンピック・
スタジアム
Olympiastadion
13

14

Sturenkatu

Sörnäen

Itäväylä

Mannerheimintie

Hakaniemi Ⓜ

Sörnäisten rantatie

Runeberginkatu

フィンランディア
・ホール
Finlandiatalo

• **12**

市庁舎
Kaupungintalo

9

8 •

25

中央駅
Rautatieasema

大統領官邸
Presidentinlinna

Pohjoisranta

Mechelininkatu

Rautatientori Ⓜ

29

28

• **3**

• **2**

カタヤノッカ
Katajanokka

Kruunuvuorenselkä

Kamppi

5 4

Pohjoisesplanadi

Ⓜ
Ruoholahti

旧オペラハウス
Teatteri Teater

Lönnrotinkatu

Uudenmaankatu

27

Unioninkatu

Katajanokan terminnali

Makasiiniterminaali

オリンピア・ターミナル
Olympiaterminnali

Telakkakatu

Puistokatu

スウェーデン劇場
Svenska Teatern

Merikatu

Kaivopuisto

26

ヘルシンキ大聖堂
Tuomiokirkko
ヘルシンキ大学
Helsingin Yliopisto

SUOMENLINNA

スオメンリンナの要塞群
Suomenlinna

24

Lauttasaarenselkä

Ehrensvärd-museo

N

0   450   900   1800 M

1 ヘルシンキ中央駅
map H

Helsingin Päärautatieasema

❶Eliel Saarinen / Esa Piironen　❷1914/1999（屋根増築）
❸Kaivokatu 1

ヘルシンキの顔ともいえる、赤茶色の御影石の外
壁が目をひく駅舎。入口のあるヴォールト型の棟
と時計台が象徴的。ガラス屋根を取り付けるまで
は、屋根のないプラットフォームが並び、その回
りをU字型に建物が取り囲んでいた。フランクフ
ルト駅（1879年）と似た空間構成。設計者エリエ
ル・サーリネンの名にちなんだカフェがある。

2 ヘルシンキ大聖堂
map H

Helsingin Tuomiokirkko

❶C. L. Engel / J. Leiviskä, V. Helander
❷1852/1997（改修）　❸Senaatintori

ヘルシンキ中心部の元老院広場に面し、中央が銅
板製のドーム形をした塔。十字形をした平面の各
端部には白く塗られたコリント様式の列柱があ
る。内部は重厚かつ上質な空間が広がる。設計者
のエンゲルはヘルシンキ都市計画に大きな影響を
及ぼしたドイツ人建築家。隣接するヘルシンキ大
学本館と図書館も彼の設計。

3 アテネウム美術館
map H

Ateneumin Taidemuseo

❶Carl Theoder Höijer　❷1887
❸Kaivokatu 2

フィンランド最古の美術館。かつては、美術学校
が併設されていた。中央駅前広場に面してどっし
りと構え、重厚な雰囲気を醸し出す。建物の内部
には、広い展示スペースがあり、古典美術を中心
とした上質な展覧会が頻繁に催されている。ゆっ
くりとアートが鑑賞できる雰囲気の空間になって
いる。

4 アカデミア書店
Akateeminen Kirjakauppa
❶Elissa & Alvar Aalto　❷1969
❸Keskuskatu 1, Pohjoisesplanadi 39

map H

フィンランド最大級の書店。エントランスの扉には アールトの設計した他の建物でも使われている 真鍮製で手になじむ取っ手が使われている。内部 は3層吹抜けの大理石に覆われた空間が広がり、 天井に設けられた彫刻的なクリスタルのトップライ ト3つからは柔らかな光が差し込む。2階には 「カフェ・アールト」がある。

5 ストックマン・デパート
Stockmann
❶S. Frosterus/K. Gullichsen, E. Kairamo, T. Vormala
❷1930/1989（改修）　❸Aleksanterinkatu 52

map H

フィンランドを代表する創業200年のデパート。ス トックマン・デパートの各建物の設計競技はフィン ランド建築にとって、歴史的に重要な建物を生み 出してきた。新古典主義とネオルネサンス様式の 古い建物の外観がもつリズムに合わせ、ガラス面 で構成された部分が増築。装飾的な石造と平滑で シンプルなガラス面の対比が美しい増築の好例。

6 ガラス宮
Lasipalatsi
❶N. Kokko, V. Revell, H. Riihimäki / Alli Oy
❷1936/1998/2018　❸Mannerheimintie 22

map H

映画館を、映画や映像などのヴィジュアル・アー トやヴァーチャル・リビングと呼ばれるアートを 楽しむサロン的空間に改築した建物。建物名の通 り、大きなガラス面からなる外観は、当時流行し たフィンランド機能主義様式の特徴がよく表れて いる。外観を残し、内部にはIT技術が導入され、 ヘルシンキの新名所として蘇った。

7 ヘルシンキ現代美術館
Nykytaiteenmuseo KIASMA
❶Steven Holl　❷1998
❸Mannerheimintie 11

map H

通称「キアズマ」。建物を設計したアメリカ人建 築家はアルヴァー・アールト建築賞を受賞。2つ の大きな棟が交錯する彫刻的な外観、光に満ちた エントランスホールの気品溢れる長いスロープ、 西面の緩く曲面を描いた薄青い溝型ガラスの大壁 が見所。銀色の金属板で覆われた外観により、ヘ ルシンキの新たなランドマークとなっている。

8 ヘルシンキ・アート・ギャラリー
Helsingin Taidehalli
❶Jarl Eklund & Hilding Ekelund　❷1928
❸Nervanderinkatu 3

map H

国会議事堂の裏手、シンプルな幾何学形態を組み 合わせた外観の美術館。四角形の窓が並ぶ粗い肌 色の外壁に、エントランス部分が凹型にカーブし てアクセントとなっている。内部の展示空間は上 部の天窓から差し込む光で明るい。頻繁に企画展 覧会が催される。併設されたカフェは展覧会を鑑 賞した後、ゆったり過ごせる空間。

9 テンペリアウキオ教会　　　　map H
Temppeliaukionkirkko
❶Timo & Tuomo Suomalainen　❷1969
❸Lutherinkatu 3

ヘルシンキの地中を覆う頑丈な岩盤をくり抜いた上に、円盤型の天井をかぶせたユニークな形をした半地下の教会。内部は、ごつごつとした自然の風合いをそのまま現す天然岩を積み上げた壁に囲まれた空間になっている。天井沿いに放射状に設けられたガラス面からは光が差し込み、ルーバーの美しい影と共に静寂で神聖な空間をつくりだす。

10 国会議事堂　　　　map H
Eduskuntatalo
❶J.S. Sirén　❷1931
❸Mannerheimintie 30

ヘルシンキ中心部を縦断するマンネルヘイミン通りに面した外観は、14本の列柱が並び、ギリシア建築を彷彿とさせる。国内では古典主義様式の唯一の例。何度も計画が変更されて、完成まで25年もかかったため、機能主義全盛だった竣工当時には時代錯誤なデザインとなってしまった。内部は様式的な家具や装飾で設えられている。

11 フィンランド国立博物館　　　　map H
Suomen Kansallismuseo
❶H. Gesellius, A. Lindgren, E. Saarinen / J.Leiviskä,
V. Helander　❷1910/2000（改修）　❸Mannerheimintie 34

1901年の設計競技により、当時全盛だったナショナルロマンティシズム様式が端的に表現された気品溢れる博物館。すっくり建ちあがる塔と中央ホールでつながる2つの中庭による構成は、教会を思わせる。1900年のパリ万博フィンランド館でサーリネンらが設計した記念碑的建物のデザイン手法に通ずる。

12 フィンランディア・ホール
Finlandiatalo
map H

❶Elissa & Alvar Aalto ❷1975
❸Mannerheimintie 13

ヘルシンキ中央駅裏のテーレ湾に面して建つフィンランドを代表する建物の一つ。コンサートホールと会議場のある複合施設で、国際会議にも使われる。周囲の林立する白樺と水辺の景色に映える大理石で覆われた白い彫刻的な外観。頻繁にコンサートが行われているので、内部の白を基調にデザインされた空間とそこに響きわたる音色が堪能できる。

13 ヘルシンキ・オリンピック・スタジアム
Olympiastadion
map H

❶ Yrjö Lindegren, Toivo Jäntti, K2S ARCHITECTS, Architects NRT
❷1940/2020（改修）❸Paavo Nurmentie

スタジアム部分が水平方向に広がるのに対して、垂直方向に延びる白色の高い塔が際立つ機能主義の代表的な建物。塔の上から見下ろすスタジアムとヘルシンキの街並みは格別である。1952年に木造観客席が増築された後、2020年にスタジアム客席部に大屋根が増築された。

14 文化の家
Kulttuuritalo
map H

❶Alvar Aalto ❷1958
❸Sturenkatu 4

当初は共産党の本部として建てられたが、その後音楽ホールと事務所に改修された。音楽ホールは左右非対称の扇型プラン。アールトのデザインの特徴でもある自由な曲面を使い、この建物のために規格化されたレンガによって造形的な外観を実現している。事務所棟の外観は銅板を使って平滑に仕上げられている。

15 キャピュラ住宅地区
Käpylä
map H

❶Martti Välikangas ❷1925
❸Pohjolankatu

1900年代前半の第一次世界大戦後の混乱期に、住宅供給の必要性に迫られて建設された住宅地区。庭が住棟に囲まれる形態をとり、各棟は渡り廊下で結ばれている。緑豊かな環境の中に木造2階建ての建物が並ぶ姿は、今日のフィンランドの質実ながら豊かなライフスタイルを見ることができる格好のスポット。

16 アールト自邸
Aalon Oma Talo
map H

❶Aino & Alvar Aalto ❷1936
❸Riihitie 20

1933年にヘルシンキに移り住んだアールト夫妻は小高い丘の上に居を構えた。当時は黒く塗られた板張りの部分を自宅として、白いスタッコ塗りの部分をスタジオとして使用していた。素朴な室内にはアールトのデザインした家具や作業道具が置かれている。1998年生誕100周年を記念してアールト財団に寄贈され現在は見学可能。

17 アールトのアトリエ
map H

Aalon Toimisto

❶Alvar Aalto　❷1955
❸Tiilimäki 20

フィンランドを代表する建築家アルヴァー・アールトのかつてのアトリエ。閑静な住宅地にあり、L字型の平面プラン、片流れの屋根、扇形の中庭など、彼が生涯好んで用いたデザインモチーフが一杯に詰まった建物。ここで数々の名建築のアイディアが生まれた。現在はアールト財団の所有で、予約をすれば見学可能。

18 ガッレン＝カッレラ美術館
map H

Gallen-Kallela Museo

❶Akseli Gallen-Kallela　❷1913
❸Gallen-Kallelantie 27, Espoo

ナショナルロマンティシズム全盛期のフィンランドを代表する芸術家であった、建築家のサーリネン、音楽家のシベリウス、画家のガッレン＝カッレラは、ヘルシンキの近郊にそれぞれアトリエを構え、自国のアイデンティティーを模索していた。そのカッレラの元スタジオ兼自宅を改築した美術館。多角形平面をした塔が特徴的。

19 アールト大学本館　他
map H

Aalto-yliopisto

❶Elissa & Alvar Aalto　❷1964
❸Otakaari 1, Espoo

広大なキャンパスの全体計画をはじめ、本館、図書館、寮などアールトが設計した多くの建物が残っている。特に扇型平面と階段状の造形的にユニークな外観をもつ本館の大講義室は、キャンパスの顔になっている。当初はヘルシンキ工科大学と呼ばれていたが、2010年の組織改編によりアールト大学となった。

20 ディポリ・センター
map H

Koulutuskeskus Dipoli

❶Raili & Reima Pietilä　❷1966
❸Otakaari 24, Espoo

アールトの次世代のリーダー的建築家ピエティラの代表作。ヘルシンキ工科大学（現アールト大学）の学生会館として設計された。敷地条件を忠実に読み込む彼の生涯一貫した思想は、敷地の高低差を活かした形態と内部に露出させた天然の岩肌によって表現されている。土地がもつ力強さが自然に倣った質感と形態を通して伝わってくる。

21 オタニエミの礼拝堂
map H

Otaniemen Kappeli

❶Kaija & Heikki Siren　❷1957
❸Jämeräntaival 8, Espoo

屋外で風雪にさらされる十字架を、祭壇正面のガラスを通して室内から仰ぐ礼拝堂。レンガ造の壁面に片流れ屋根、木造の美しい天井の架構とそれに組み込まれた照明、ハイサイドライトから注ぎ込む北欧の美しい光が静謐な空間をつくりだしている。礼拝堂の脇の背の低い鐘楼やフェンスは、丸太を使って、素朴だが丁寧な仕上げ。

22 タピオラの教会

map H

Tapiolankirkko

❶Aarno Ruusuvuori ❷1965
❸Tapionraitti, Espoo

外観はコンクリート打放し、中庭をガラス面が囲む。教会の内部では、祭壇の背面から差し込む光が装飾となり、劇的で美しい空間が広がる。削ぎ落とされたようにシンプルな祭壇が、北欧で非常に大切な「太陽の光」をあたかも祀っているかのようなイメージを与える。椅子に腰掛けてその移りゆく光を堪能したい。

23 ミュールマキ教会／教区センター

map H

Myyrmäenkirkko

❶Juha Leiviskä ❷1984
❸Uomatie 1, Vantaa

設計者レイヴィスカのデザインの特徴である高くそびえる垂直の壁が層状に並ぶ外観。内部は白く塗られ、照明器具も垂直線のイメージが強調された繊細なつくり。パイプオルガンも設計者がデザインしている。壁の細い隙間を埋める縦長のガラス窓は、近くを走る鉄道の騒音を遮音し、効果的な光を内部に取り込むためのもの。

24 スオメンリンナの要塞群

map H

Suomenlinna

❷1748
❸Suomenlinna

当時フィンランドを支配していたスウェーデンは、ロシアからの攻撃に対して6つの群島からなるこの場所に要塞を建設した。現在はその遺構と起伏のある島々が美しい景観を見せる、ヘルシンキ市民の憩いの場所。ストックホルム行きの豪華客船が通過する夕方の眺めは最高である。1991年にユネスコ世界遺産に登録された。

25 ヘルシンキ中央図書館 　　　　*map H*
Helsingin keskusta kirjasto Oodi
❶ ALA Architects　❷ 2018
❸ Töölönlahdenkatu 4

ヘルシンキ中心部にある「世界一の公共図書館」。館内にはカフェやレストラン、映画上映施設、レコーディングスタジオ、3Dプリンタといった実験的な設備も併設。地元産の木材を使ったファサード、広々とした無柱のエントランス、「本の天国」と愛称がついたオープンプランの図書室など、機能的で美しい空間が広がる。

26 ロウリュ 　　　　*map H*
LÖYLY
❶ Avanto Architects　❷ 2016
❸ Hernesaarenranta 4

フィンランド湾に面した旧工業地帯に建つ公共サウナ。フィンランド人にとって重要な意味をもつ本格的なフィンランド式公共サウナを、観光客も気軽に体験することができる。パイン材で覆われた外観はボリュームが抑えられ、石の多い海岸線に溶け込んでいる。階段状の屋根に上って海を眺めたり、日光浴したりすることも可能だ。

27 フィンランド建築博物館 　　　　*map H*
Arkkitehtuurimuseo
❶ Magnus Schjerfbeck　❷ 1899
❸ Kasarmikatu 24

フィンランド建築のコレクションを保管・公開する建築専門の国立博物館。建築専門の博物館としては世界最古で、エリエル・サーリネンのコレクションなども有する。もとはフィンランド学会連盟のために1899年に建てられた、ネオ・ルネサンス様式を代表する歴史的な建物である。建物全体の3分の1を階段が占めているのも特徴的だ。

28 ヘルシンキ大学図書館 map H

Helsingin Yliopiston Pääkirjasto
❶Anttinen Oiva Architects　❷2012
❸Fabianinkatu 30

国内最大の学術図書館。ヘルシンキ市内中心部の
歴史的地区という立地に考慮し、外観は落ち着い
た色のレンガを使用しながらも、大きなアーチ型
の開口部や細かな窓格子を魅力的に配置し、独特
な雰囲気を醸し出している。内部は楕円形の大き
な吹抜けや白を基調とした内装で、開放的な空間
が広がる。

29 カンピ礼拝堂 map H

Kampin kappeli
❶K2S ARCHITECTS　❷2012
❸Simonkatu 7, Narinkkatori

「静寂の礼拝堂」とも呼ばれる、彎曲した木製ファ
サードの小さな外観が印象的な教会。礼拝堂のみ
が木造で、3種の木材（外壁はトウヒ、内壁はハ
ンノキ、建具はアッシュ材）を用い、温かみのあ
る曲線と素材感が空間を彩る。高さ11.5mの天井
には防音効果のある石膏ボードが使われ、周囲の
喧騒を遮断し、静寂と落ち着きを提供してくれる。

30 アモス・レックス美術館 map H

Amos Rex
❶JKMM Architects　❷2018
❸Mannerheimintie 22-24

実験的な現代アートの展示を行う体験型美術館。機
能主義の傑作「ガラス宮」内にある。美術館の転入
に際して、ガラス宮は1930年代の姿に復元され、
展示スペースや保管庫などを広場地下部分に増築
し、2018年に開館した。広場の地面から突き出た
ギャラリーのドーム屋根や天窓がユニークな景観を
生み出し、ヘルシンキの新たな名所となっている。

31 トゥルクの葬祭場（復活の礼拝堂）*map G*
Ylösnousemuskappeli
❶Erik Bryggman　❷1941
❸Hautausmaantie 21, Turku

かまぼこ型の天井が特徴的な復活の礼拝堂。庭に
面した壁には大きなガラスがはめこまれ、開放的。
室内は壁に沿って列柱が並び、祭壇横のガラス面
から、斜めに差し込む光が祭壇と十字架を照らす。
同じ墓地内にあるピッカネン設計の聖十字の礼拝
堂は暗く閉鎖的な空間のため、象徴的な一筋の光
により重厚な雰囲気が演出される。

32 トゥルク・アート・アカデミー　*map G*
Turun Taideakatemia
❶Ola Laiho, Mikko Pulkkinen- Raunio　❷1994
❸Linnankatu 54, Turku

長さ400mの細く長い倉庫とドックヤードを、教
育施設・美術館・事務所・図書館に改修した建
物。アートやメディアを学ぶ施設として使用され
る内部空間は、既存建物と対比的にガラスや鉄骨
が適材適所に使用された斬新なデザインとなって
いる。既存建物を極力保存しながら新たな空間が
創造されていることは注目に値する。

33 ヴィトレスク　*map G*
Hvitträsk
❶Herman Gesellius, Armas Lindgren, Eliel Saarinen
❷1904　❸Hvitträskintie 166, Luoma（Helsinki 西郊外）

設計者3人の住宅兼設計事務所を改修したカフェ
とレストラン（ゲセリウス棟）・ホテル（リンドグレ
ン棟）・博物館（サーリネン棟）。ナショナルロマン
ティシズム様式が垣間見られる貴重な空間。サー
リネンの家具、ガッレン＝カッレラのデザインし
た敷物「炎」など、美しい装飾や調度品の数々が、
空間をさらに豊かにしている。

34 ポルヴォー旧市街の街並み　map G
Porvoo
❷14世紀-
❸Porvoo (Helsinkiの東50km)

フィンランドには数少ない、中世からの歴史をもつ、国内で2番目に古い街。かつて主要交通網として活用された運河沿いに建ち並ぶレンガ色の木造倉庫と、遠く丘の上の教会が織りなす景観には、ヘルシンキとはまた違った人々の営みが感じられる。旧市街の中心部には、15世紀の大聖堂があり、周囲を木造の建物がとりまく。

35 アイノラ　map G
AINOLA
❶Lars Sonck　❷1904
❸Ainolankatu1, Järvenpää

フィンランドを代表する作曲家ジャン・シベリウス夫妻の家。妻の名アイノにちなんでこう呼ばれる。湖から続く松林にひっそりと佇む素朴な外観。内部にはアール・ヌヴォー的な曲線を使った木製の階段等がある。当時、多くの芸術家が足を運び、自国のアイデンティティーを模索し議論を交わしたという。一般に公開されている。

36 ヒュヴィンカーの教会　map G
Hyvinkäänkirkko
❶Aarno Ruusuvuori　❷1961
❸Hämeenkatu 16, Hyvinkää

大通りから一筋入ったところにある白いピラミッドの形をした彫刻的な教会。大胆な外観の形が生み出した不整形の窓から差し込む光が、内部に美しいシルエットを落とす。鋭角なピラミッドの頂点に向かって内部空間の高さが強調されている。宗教心の薄いフィンランドでは造形的にも自由度が高い教会が多いが、この建物は典型的な例。

37 シベリウス・コンサート・ホール　map G
Sibeliustalo
❶Kimmo Lintula&Hannu Tikka　❷2000
❸Ankkurikatu 7, Lahti

レンガ造の家具工場にホールを新設した湖畔に立つコンサート・ホール。既存建物を使った管理棟と新築のホール棟を、木造のトラス架構と柱で支持されたガラス空間のホワイエが結ぶ。古いレンガの外壁は、湖を望むホワイエの内壁になっている。ラハティの町を長く支えてきた木工芸や木材産業を象徴するデザイン。音響も素晴らしい。

38 ヴォクセンニスカの教会　map G
Vuoksenniskankirkko
❶Alvar Aalto　❷1958
❸Temppelikatu 1, Vuoksenniska, Imatra

白樺林越しに垂直性を強調した白く高い鐘楼が見える教会。アールトの宗教建築の最高傑作。3つに分割できる内部空間の分節ごとに、3つの弧を描いた形態として外観に表現されている。屋根と壁が一体化された曲線的な壁面による内部空間には、北欧独特の透明感のある光が差し込み、あたたかくそして静寂な空間をつくりだす。

39 アールト夏の家（コエタロ）　　map G
Koetalo
❶Alvar Aalto　❷1954
❸Melalammentie, Muuratsalonsaari, Muuratsalo

フィンランド語で実験住宅を意味するコエタロと名付けられた、かつてのアールトの別荘。外壁や床面に多種多様なレンガや磁器質タイルを使って耐候性や色調などのテストを行った。眼下に湖の広がる抜群の景観に向かって全面的には開放せずに、中庭を中心に高い壁で取り囲んだ配置計画になっている。

40 セイナッツァロの村役場　　map G
Säynätsalon Kunnantalo
❶Alvar Aalto　❷1952
❸Parviaisenkatu 9, Säynätsalo

2階レベルの中庭を囲い込むように配置されたレンガ造の村役場。イタリアの広場を思わせる構成に、当時のアールトのイタリアへの憧れが表れている。大きな窓の並んだ回廊が中庭を取り囲んでいる。議場の天井は、手のひらのように広がる木製の架構を露出させたデザインになっている。室内の壁にも一部、レンガが使われている。

41 ユヴァスキュラ大学　　map G
Jyväskylän Yliopisto
❶Alvar Aalto　❷1957/1976
❸Seminaarinkatu 15, Jyväskylä

レンガ壁の本館、図書室、食堂棟、学生寮、体育館、水泳用プール、学生会館、体育教育施設と白大理石壁の教職員用施設の計7施設を、アールトが設計。キャンパス内をくまなく回るとアールトの様々な設計手法が見て取れる。特に本館裏のレンガ造の大壁面は美しい。

42 ペタヤヴェシの教会
Petäjäveden Vanha Kirkko
❶Jaakko Leppänen　❷1764
❸Petäjävesi

map G

ユネスコ世界遺産に登録されている保存状態のい
い素朴な木造教会。対称軸のある十字形の平面プ
ランで、天井は高く半円筒型。外壁は長い木材を
積み上げ、石造建築の技法を木造建築に応用した
ことで知られる。内部の天井や梁には装飾が描か
れている。連結された鐘塔は、熊や狼から身を守
るナイフを礼拝時に預ける場所でもあった。

43 タンペレ大聖堂
Tampereen Tuomiokirkko
❶Lars Sonck　❷1907
❸Tuomiokirkkonpuisto, Tampere

map G

ナショナルロマンティシズム様式を代表するソン
クの最高傑作といわれる教会。非対称形をした大
小2つの塔が並ぶ外観が特徴。外壁に使用された
石の積み方は一見粗く見えるが、少し離れて見る
と独特の表情があり、この石材の切り出し方には
スコットランド地方の影響が見られる。内部空間を
覆うリブ・ヴォールトは迫力がある。

44 タンペレ中央消防署
Tampereen Keskuspaloasema
❶Wivi Lönn　❷1907
❸Satakannankatu 16, Tampere

map G

今日なお現役で活躍中のこぢんまりとした消防
署。フィンランドで最初の本格的女性建築家に
よる設計。装飾的なデザインは、タンペレ大聖堂と
同じナショナルロマンティシズム様式。外観は、
付属している塔の印象が強いため、一見すると消
防署とは思えない。窓まわりにはアール・ヌヴォ
ー風の手の込んだ装飾が見られる。

45 カレヴァ教会
Kalevankirkko
❶Raili & Reima Pietilä　❷1967
❸Liisanpuist, Tampere

map G

クリーム色のタイルで覆われた壮大な教会。何段
にも折れた彫刻的な外壁が記念碑のように見え
る。垂直性が強調された独特の外観。コンクリー
トの壁のすき間にスリット状にはめ込まれたガラ
スから内部に細長い光が差し込み、室内のコンク
リートの壁面や祭壇、木製の家具をやさしく照ら
す。内部の木製彫刻も設計者のデザイン。

46 タンペレ市立中央図書館
Tampereen Pääkirjasto
❶Raili & Reima Pietilä　❷1986
❸Pirkankatu 2, Tampere

map G

フィンランドで最大の貸し出し記録を持つ図書
館。上空から見ると鳥が翼を広げたような平面プ
ランで、緩やかな螺旋状に連続する内部空間が特
徴的だ。緩い曲面を描いた天井の頂部から内部に
注ぎ込む光を巧みにインテリアデザインに活かし
ている。館内にあったムーミン博物館は2017年
にタンペレホール内に移転した。

47 ラウマ旧市街

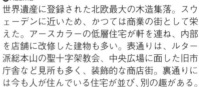

Rauma
❷14-15世紀
❸Rauma

世界遺産に登録された北欧最大の木造集落。スウェーデンに近いため、かつては商業の街として栄えた。アースカラーの低層住宅が軒を連ね、内部を店舗に改修した建物も多い。表通りは、ルター派総本山の聖十字架教会、中央広場に面した旧市庁舎など見所も多く、装飾的な商店街。裏通りには今も人が住んでいる住宅が並び、別の趣がある。

48 マイレア邸
map G

Villa Mairea
❶Alvar Aalto　❷1939
❸Pikkukoivukuja 20, Noormarkku

アールトの住宅の最高傑作。家具会社のアルテックを共同設立したグリクセン夫妻の週末別荘。外観は白い壁に木がバランスよく組み合わされたデザイン。日本建築の雰囲気を感じさせるウインターガーデンをはじめ、様々な素材で巧みに演出された内部空間が体験でき、一見の価値あり。現在はマイレア財団の所有。事前予約すれば見学可能。

49 ロヴァニエミの図書館
map G

Rovaniemin Kirjasto
❶Alvar Aalto　❷1966
❸Hallituskatu 9, Rovaniemi

アールトが北の都市ロヴァニエミで手がけた一大文化ゾーンの中の図書館。市庁舎、劇場、会議場がある。外周を白い壁面で閉ざした図書館の上部に大きな三角形のスカイライトが並び、ほとんど上からの自然光のみで、扇型平面の閲覧室はじめ館内に最適な明るさを保持。サーミ（ラップランド先住民族）に関する資料・展示が充実している。

50 ロヴァニエミ美術館
map G

Rovaniemin Taidemuseo
❶Juhani Pallasmaa　❷1986（改修）
❸Lapinvintie 4, Rovaniemi

レンガ造の倉庫を改修した美術館。既存の壁面に斬新で彫刻的なデザインの光窓を設けている。展示空間では、天井に新たに設けられた天窓から光が入り、古い架構を際立たせている。単なる改修とは言い難いほど新鮮さを感じさせる空間で、フィンランドの改修事例の傑作。正面玄関には様々な材質の列柱がシンボリックに立ち並ぶ。

51 キルッコヌンミ図書館 フィユリ
map G

Kirkkonummen kirjasto Fyyri
❶JKMM Architects　❷2020
❸Kirkkotori 1, Kirkkonummi

1980年代に建てられた図書館のコンクリートを再利用し改築した図書館。設計担当のJKMM設計事務所は、アールト設計の図書館を改築した実績を持つ。ここでもフィンランドのモダニズム建築の伝統を継承し、温かみのある真鍮の照明や落ち着いた色調の布地、木材などを真っ白な空間の内装に使用するなど、細部にまでこだわりが見られる。

52 セイナヨキ市立図書館　map G
Apila Seinäjoen kaupunginkirjasto
❶JKMM Architects　❷2012
❸Alvar Aallon katu 14, PL 217, Seinäjoki
セイナヨキの図書館はもともとアールト・センターの一部として設計された。アールトの傑作として愛されてきたが、2012年に新館を建設。旧館と新館は地下の廊下でつながり、アールトの旧館の文化的価値を保護しながら、現代のニーズに合った図書館としてアップデートされた。新館は平面形状からクローバーを意味する「アピラ」と呼ばれる。

53 セイナヨキのタウンホール　map G
Seinäjoen Kaupungintalo
❶Alvar Aalto　❷1960-1987
❸Kirkkokatu 6, Seinäjoki
1960年から計画された一大文化集積エリアは、アールトの死後10年経った1987年に完成。タウンホールは、周囲の景観と一体になっている。外観を特徴づける特殊な青い半円形のタイルは内部の壁にも使われている。近くには、祭壇への視線を集中させるように計画された教会、図書館、劇場があり、アールトの建物をまとめて見ることができる。

54 聖ヘンリー・エキュメニカル礼拝堂　map G
Pyhän Henrikin Ekumeeninen Taidekappeli
❶Sanaksenaho Architects　❷2005
❸Seiskarinkatu 35, Turku
フィンランドの守護聖人、聖ヘンリーの名を冠した礼拝堂。銅板で覆われた外装は経年変化により、周囲の針葉樹の色に近づき、自然に溶け込むよう配慮されている。内装はフィンランド産のパイン材で覆われ、木の温もりや音響効果、経年変化による味わいを生んでいる。薄暗い玄関から奥へ進むと、自然光があふれる祭壇にたどり着く。

55 イリビエスカ教会 　　map G
Ylivieskan seurakunta
❶K2S ARCHITECTS　❷2021
❸Terveystie 11, Ylivieska

2016年に焼失してしまった歴史的な木造教会の再建プロジェクト。3つの切妻屋根が連なる木造教会は、新たなランドマークとして親しまれている。エントランスは戦没者墓地や旧教会跡とともにエントランス広場を形成している。木で覆われた礼拝堂は温かみがあり、天窓からの自然光と祭壇からの間接的な自然光で優しく包まれている。

56 コッコネン邸 　　map G
Villa Kokkonen
❶Alvar Aalto　❷1969
❸Tuulimyllyntie 5, Järvenpää

アールト設計の個人住宅。作曲家ヨーナス・コッコネンの自宅兼アトリエで、彼の死後はヤルヴェンパー市の所有となった。暗い印象の外観から一転、内部は明るさに満ちた空間が広がり、建物とともにデザインされた備え付けの家具や、アルテックの家具が置かれている。波状のモチーフが庇や内壁、暖炉などに繰り返し用いられている。

57 ファッツェル・ビジター・センター 　map G
Fazer Experience Vierailukeskus
❶K2S ARCHITECTS　❷2016
❸Fazerintie 6, Vantaa

フィンランドの老舗製菓会社ファッツェル社のビジター・センター。ファッツェル社の製品や歴史に関する展示や、料理教室やチョコレートづくり体験などのイベントが開催されている。建物はフィンランド産の木材を広範囲に使用し、環境にも配慮している。木製天井が印象的なエントランスの奥にはカフェやショップなども併設されている。

58 ヘルシンキ・ヴァンター国際空港 第2ターミナル 　map G
Helsinki-Vantaan lentoasema
❶ALA Architects　❷2021（増築）
❸Lentoasemantie 1, Vantaa

屋根と天井のデザインに空のイメージを重ね、波状の木製天井や軽やかな木造ユニット天井など、全体的に可塑性に優れた形状の建物である。機能的かつリラックス効果のある青色を出発ロビーの壁の色にしたり、フィンランドの自然と日本庭園を融合させた植栽エリアを到着ロビーに配したりと、人にも自然にも優しい空港にアップグレードされた。

59 カルサマキの教会 　　map G
Kärsämäen Paanukirkko
❶OOPEAA　❷2004
❸Pappilankuja 24, Kärsämäki

1841年に取り壊された古い教会を再建する案から発展し、18世紀の工法を採用したモダンな教会として建設された。丸太で構成されたコア部分と、黒いタールを塗ったこけら板の外壁部分で構成されている。教会内部は薄暗い空間から明るいほうへと導かれるように動線が伸び、天窓からの自然光やランタンの光が内部を照らしている。

0   100   200 KM

N

ノルウェー海
Norskehavet

ラップランド
Lappland

ノルウェー

キールナ
Kiruna

ボードー

イェリヴァーレ
Gällivare

ヨックモック
Jokkmokk

ルーレオ
Luleå
43

ウメオー
Umeå

トロンヘイム

エステルスン
Östersund

スンズヴァール
Sundsvall

ダーラナ
Dalarna
46

ボスニア湾
Bottenhavet

フィンランド

タンペレ

ムーラ
Mora

ファールン
Falun

イェブレ
Gävle

38
39
40

トゥルク

オスロ

42

ウプサラ
Uppsala

41

メーラレン湖
Mälaren

1~24 map J

エストニア

カールスタッド
Karlstad

エレブロ
Örebro

ストックホルム
STOCKHOLM

ヴェーネルン湖
Vänern

リンショーピン
Linköping

ノルショーピン
Norrköping

34
35
36

ヴェッテルン湖
Vättern

スカゲラク海峡
Skagerrak

ヨーテボリ
Göteborg

37

ゴットランド島
Gotland

33

ラトヴィア

カテガット
海峡
Kattegat

オールボー

ヨンショーピン
Jönköping

45

ヴェクショー
Växjö

エーランド島
Öland

デンマーク

ヘルシンボリ
Helsingborg

25

スコーネ
Skåne

カルマル
Kalmar

バルト海
Östersjön

リトアニア

コペンハーゲン

26

ルンド
Lund

27 29
28 30
31
32
44

マルメ
Malmö

N

0 300 600 1200 M

17 ストックホルム大学
Stockholms
Universitetet
Universitetet hpl.

Laduviken

Lidingöbron

リラ湖
Lilla Värtan

Postlagsvägen
Björnnäsvägen

Albano st:n

Fiskartorps-
vägen
Storängsvägen

Ropsten
Hjorthags-
parken

Tegeluddsvägen

東駅
Östra st:n
Tekniska
Högskolan
6

Birger Jarlsgatan
Odengatan
Engelbrektsgatan

Lidingövägen

Erik Dahlbergsgatan

Gärdet

7
Rådmansgatan

スタジアム
Stadion

Stadion
Sturegatan

スタジオン

Valhallavägen

Tessin-
parken

Karlaplan

Lindarängsvägen

フルム公園
Humle-
gården

Karla-
vägen

Gustav
Adolfsparken

Oxenstiernsgatan

カクネス塔
Kaknästornet

Hötorget
2 · 3

Kungsgatan
Vasagatan

Klarabergsg.
4

Hamngatan

Östermalmstorg

Narvavägen

Djurgårdsbrunnsvägen

Kaknäsvägen

ℹ 18

T - Centr.
5
Kungsträdg.

Strandvägen

Ladugårdslands-
viken

Strandväg
ノーベル公園
Nobelparken

Djurgårdsbrunnsviken

Manillavägen

中央駅
Central-
stationen
1

11
10
ガムラ・スタン
Gamla Stan
9

Skeppsbron

ヴァーサ博物館
Vasamuseet
15

近代美術館
Modernamuseet
14 建築博物館
Arkitekturmuseet

スカンセン
16 Skansen

ストックホルム
市庁舎
stadshuset
8 国会議事堂
Riksdagshuset
Söder Malarstrand

12

13

Slussen

Strömmen

Waldemarsviken

Frisens Park

サルツショーン湖
Saltsjön

inkens-
amm

Hornsgatan

Katarinavägen

Stadsgardsleden

Henriksdal
st:n

Svindersviken

Mariatorget

Medborgarpl.
Folkunga-

Renstiernas Gata

gatan

Ringvägen

Skannstull

Hammarbyleden

Värmdövägen

Sickla st:n

Värmdöleden
Värmdövägen

Nacka st:n

Järlaleden

ーシュタ湾
rstaviken

Fabriksväg.

NACKA

Sicklasjön

Gullmarsplan

Hammarby

Skärmar-
brink

Hammarby-
höjden

Malmövägen

Huddingevägen

グローブシティ
Stockholm
Globe
Arena
22~24

Globen

聖マルクス教会
19 S:t Markuskyrkan

Björkhagen

1 ストックホルム市庁舎
Stadshuset

❶Ragnar Östberg ❷1923
❸Hantverkargatan 1

「建築の女王」とも呼ばれる気品に満ちた市庁舎。スウェーデンにおけるナショナルロマンティシズム様式の最高傑作。外壁は茶褐色レンガ。水辺というロケーションが素晴らしく、南東隅の高さ106mの塔に上がるとストックホルムの市街の展望が楽しめる。1階の「青の間」で毎年12月にノーベル賞授与式後の祝賀晩餐会が行われる。

2 ストックホルム市立コンサート・ホール
Konserthuset

❶Ivar Tengbom/Anders Tengbom ❷1926/1972（増改築）
❸Hötorget 8

ノーベル賞の授賞式会場として有名なコンサート・ホール。青色の壁と正面に立つ灰色の10本の柱が象徴的な外観。内部には、宮殿の中庭空間のようなつくりの大ホールと、天井や壁が後期ルネサンス様式の装飾で彩られた小ホールがある。入口正面にあるブロンズ像は、スウェーデンを代表する彫刻家カール・ミレスの作。

3 ストックホルム中央再開発地区
Hötorgscity

❶D. Helldén,A. Tengbom, S. Markelius 他/Arkitekter
❷1956/1996（増改築） ❸Hötorget, Sergelgatan

ビジネスと商業の中心地区として1946年に計画された高密度なビル街。人と車の動線を明確に分離した区画に、5人の建築家が18階建てのガラス張りの建物を1棟ずつ担当。同じ形の建物を様々な窓割にし、単調さを感じさせないつくりとしている。近年では再開発も進み、半世紀以上が過ぎてもなお健在だ。

4 文化センター　　map J
Kulturhuset

❶Peter Celsing　❷1973
❸Sergels Torg 3, Brunkebergstorg（セルゲル広場横）

劇場、図書室、工房のある文化センター。ガラスの
帯を積層した外観が、ショーケースのように見える。
広場まで拡張して様々な文化的アクティビティがで
きる構成になっている。夜景を見ると、文化センタ
ーの主動線である美しい螺旋階段が各階の床を貫
通し、各階が多彩なプランである様子がわかる。隣
接するスウェーデン銀行も同じP.セルシングの作。

5 王立オペラハウス（旧）　　map J
Operan

❶A. Anderberg/P.Celsing & N.Tesch
❷1898/1973（増改築）　❸Gustav Adolfs torg

ほぼ左右対称の形をしたオペラハウス。フランスの
ボザール様式からの影響が見られる。宮殿のような
建物であったが、1950年代後半からの改修で東の
公園側に、ホール、ルネサンス様式のサロン、レス
トラン、バロック様式のカフェなどを増築。様式が
混在した建物であるため、楽しめる。隣接する公
園と連続している。

6 エンゲルブレクト教会　　map J
Engelbrektskyrkan

❶Lars Israel Wahlman　❷1914
❸Uggelviksgatan 1

新古典主義様式の傑作の一つ。赤茶色の屋根と茶
褐色の外壁が特徴の教会。ゴシック様式を基本に、
左右非対称の鐘楼が高くそびえ、自由で特異な構
成だが、スウェーデンの民族的伝統が垣間見られ
る教会でもある。内部はギリシア正教会的な十字
形の平面プラン。同じ設計者による近くの教区セ
ンターも教会とよく似たデザイン。

7 ストックホルム市立図書館　　map J
Stadsbiblioteket

❶Erik Gunnar Asplund　❷1928
❸Sveavägen 73, Stockholm

A.アールトなど北欧建築家に影響を与えた、北欧
古典主義様式の最高傑作。赤茶色に塗られた円筒
形の棟を箱形の棟が囲む。メインエントランスを
入り、真っ直ぐに延びる階段を上がっていくと、
円筒形の棟内部にある開架書庫の中心に出る。3
層分の高さの曲面壁に沿って本棚がぐるりと並
び、本そのものが内部空間の装飾になっている。

8 国会議事堂　　map J
Riksdagshuset

❶A.Johansson/AOS Arkitektkontor　❷1906/1983（増築）
❸Helgeandsholmen, Stockholm

常に、保存か取り壊しかの議論の的になってきた
国会議事堂。結局、隣接するスウェーデン銀行を
取り込むように増築された。半円形の増築部分の
最上階にある議事堂の外壁は黒く塗られて石造部
分と対比的に表現されている。また、建設中に
13世紀のレンガ造の遺跡が見つかり、中庭下に
は出土品を展示する博物館も併設された。

9 ガムラ・スタンの街並み　　　　map J
Gamla Stan

❷13世紀
❸Gamla Stan

ストックホルム発祥の地。13世紀半ば頃、メーラレン湖に浮かぶ小高い島の上に城壁を築き、人々が住みついたのが始まり。石畳の曲がりくねった道が階段や坂道などで結ばれ、中世の雰囲気を味わえる。15世紀には城壁が取り除かれ、現在では昔の建物の内部を改修して住宅やオフィスなどに転用されている。

10 ストックホルム大聖堂　　　　map J
Storkyrkan

❶ J.E.Carlberg（改修）/E.Stenhammar（修復）
❷1279/1742（改修）/1908（修復）　❸St Nikolai, Gamla Stan

歴代国王の戴冠式や結婚式が行われるストックホルム最古の教会。1742年、バロック様式に改修された橙色の外壁と緑色の屋根が特徴。13世紀の建立当時は3列だった内部の通路の両側に、14世紀になって1列ずつ増築され、5列の通路となった。通路を隔てている列柱の大きさや形の違いが、この教会の長い歴史を伝える。

11 ストックホルム宮殿　　　　map J
Stockholms Slott

❶Nicodemus Tessin the Younger, Carl Hårleman
❷1960-1760　❸Gamla Stan

3階建てのイタリア・バロック様式の重厚な外観、フランス・ロココ様式の内部、大きな中庭が特徴の宮殿。ガムラ・スタンの北側にあり、ストックホルムで最も大きな建物。クリスタルガラスのシャンデリア、王族の使用している食器や収集した調度品の数々を通して王室の豪華な暮らしぶりを知ることができる。

12 リッダルホルム教会

Riddarholmskyrkan map J
❶不詳/N.Tessin the Elder 他/E.G.Göthe/F.W. Scholander
❷1280-1310/1743（増築）/1846（再建）/1860（増築）❸Riddarholmen
1280年にフランシスコ会修道院として建てられた。中世的な雰囲気を持つストックホルムでは珍しい教会。赤茶色の外壁に、透かし彫りの入ったネオゴシック様式の高く尖った塔は、過去2度火災で焼失し、現在あるのは1846年に再建されたもの。グスタフ・アドルフ2世以降、歴代の国王・女王のほとんどがここに眠っている。

13 KF社オフィス複合ビル
KF-huset map J
❶KF:s Arkitektkontor/KFAI ❷1936/1974（増築）
❸Stadagården 2-12
生協関連の会社、KF社のオフィスのある複合ビル。「カタリナ・エレベーター」と呼ばれるエレベーターがバスターミナルから立ち上がり、ストックホルム中心部に向いたガラス張りの展望台を支え、この地区のランドマークとなっている。隣接する大理石張りの白壁の建物5棟と、1970年代に増築されたガラス張りの建物もKF社の所有。

14 ストックホルム近代美術館/建築博物館
Modernamuseet och Arkitekturmuseet map J
❶Rafael Moneo ❷1998
❸Skeppsholmen
設計競技によりスペイン人建築家モネオが設計した美術館と建築博物館。各展示室上に並ぶ突き出たトップライトは、モネオがよく使うデザイン手法。水平方向に延びる単調になりがちな建物の外観にリズムを与えている。ストックホルム港を望む位置にレストランとデザイン関係の書籍が充実したブックショップがある。

15 ヴァーサ博物館
Vasamuseet map J
❶Göran Månsson & Marianne Dahlbäck ❷1990
❸Galärvarvsvägen 14, Djurgården
1961年に水深32mの海底から333年ぶりに引き揚げられた、彫刻で飾られた戦艦ヴァーサ号を保存、展示するための博物館。海岸線にあったスウェーデン海軍の船用ドックを改修した。3本のマストが立ち並ぶ外観は、展示内容を連想させる。船の周囲を巡る通路の床の高さを変えて、様々な位置から船を観察できるように工夫されている。

16 スカンセン（野外博物館）
Skansen map J
❷1891
❸Djurgårdsslätten, Djurgården（Stockholmの東3km）
16世紀の農家、教会、領主の邸宅など150棟もの建物をユールゴーデン島に移築した野外博物館。教育学者アルトゥール・ハゼリウスの発案により、スウェーデンの伝統的な暮らしを現代に伝える目的で開園した。17〜19世紀の街並みが再現され、民族衣装をまとうスタッフの案内により当時の暮らしぶりを知ることができる。

17 ストックホルム大学・学生センター　map J
"Allhuset", Stockholms Universitet
❶Ralph Erskine Arkitektkontor AB　❷1981
❸Universitetewegen, Frescati, Stockholm

ストックホルム大学の敷地内には個性溢れる形を
した建物がいくつも建っている。中でもアースキ
ンの設計した学生センター「アルヒューセット」
は、比較的単純な構造形式を採用しながら、複雑
な平面形状と折れ曲がる屋根によって内部の空間
は入り組んでいる。講堂「アウラ・マグナ」、図
書館、体育館も同じ設計者の作。

18 カクネス塔　map J
Kaknästornet
❶Hans Borgström & Bengt Lindroos　❷1967
❸Mörka Kroken, Djurgården

高さ161mのストックホルム・テレビ局のテレ
ビ・ラジオ塔。海抜128mの高さにある展望台と
レストランから、ストックホルム市内を一望でき
る。正方形をした平面を層状に積み重ねた単純な
構成。頂部のアンテナと45度振れた途中階の突
き出た部分により、コンクリートの壁面には多様
な影が落ちる。

19 聖マルクス教会　map J
S:t Markuskyrkan
❶Sigurd Lewerentz　❷1960
❸Malmövägen 51, Björkhagen

中庭をはさんで2棟からなる教会。スウェーデ
ン・ヘルシンボリ産の暗褐色のレンガを積んだ礼
拝堂の外周壁は、リズミカルな表情を見せる。礼拝
堂の天井の小刻みに続く小ヴォールト、レンガ壁
面に孔けられた多種多様な開口部、波形のキャノ
ピー（庇）の付いた入口など、デザインの工夫でレ
ンガが持つ重厚さを見事に打ち消している。

20 聖トーマス教会　map J
S:t Tomas Kyrka
❶Peter Celsing　❷1959
❸Kirunagatan 9-11, Vällingby

外部には閉じて中庭側に開放的なロの字形の平面
をした教会。緩やかな傾斜地にあり、段差を解消
するための階段が建物内外の所々にある。設計者
セルシングの手がけた建物に共通する上品なプロ
ポーションが、無装飾であるために一層とぎすま
され、建物の細部に渡って絶妙なバランスが見ら
れる。

21 ドロットニングホルム宮殿　map J
Drottningholms Slott
❶N.Tessin親子/C.Hårleman/A. Lindegren　❷1662-86/1756(増築)/1911(改修)
❸Drottningholm, Lovön (Stockholmの西15km)

メーラレン湖に浮かぶローヴェン島の水辺に建
つ。イタリアやフランスの影響を受けたバロック
様式風宮殿で、ユネスコ世界遺産にも登録されて
いる。クリーム色の外壁と緑色の屋根には気品が
あり、「北欧のヴェルサイユ宮殿」として親しまれ
ている。現在は国王一家の住居としても使われて
いる。敷地内にはバロック様式の宮廷劇場もある。

22 森の火葬場
Skogskyrkongården

❶Erik Gunnar Asplund, Sigurd Lewerentz ❷1940
❸Stockholmの南6km地下鉄Skogskyrkogåden駅下車

広大な森に囲まれた敷地にあり、ユネスコ世界遺産にも登録。緩やかな丘の頂上にシンボルとして十字架が立ち、2つの小さな信仰の礼拝堂と希望の礼拝堂、大きな聖十字架礼拝堂をもつ葬祭場。建物を配列する際の軸線の取り方が絶妙。敷地の形状や周辺景観と建築を巧みに融合させて、精神性の高い場をつくりあげている。

23 森の礼拝堂
Skogskapellet

❶Erik Gunnar Asplund ❷1920
❸Stockholmの南6km地下鉄Skogskyrkogården駅下車

森の火葬場の敷地奥の林の中に建つ礼拝堂。古代ローマの神殿から受けたと思われるインスピレーションに、スウェーデンの土着的な農家や教会のイメージが重ねられたデザイン。白い列柱に黒色の屋根が載った愛嬌のある外観。外観から受ける箱形のイメージに反して、内部は半球ドーム型空間となっており、内外のギャップに驚かされる。

24 復活の礼拝堂
Uppståndelsekapellet

❶Sigurd Lewerentz ❷1925
❸Stockholmの南6km地下鉄Skogskyrkogården駅下車

森の礼拝堂よりさらに敷地の奥にある、一風変わった味わい深い礼拝堂。新古典主義様式を基にして、設計者の個性が盛り込まれている。内部は、細長く狭い平面だが、天井が高く、中心からずれた所に入口があるなど、個性的なプロポーションをしている。レヴェレンツが設計した他の教会や聖堂とは異なるデザイン手法が見られる。

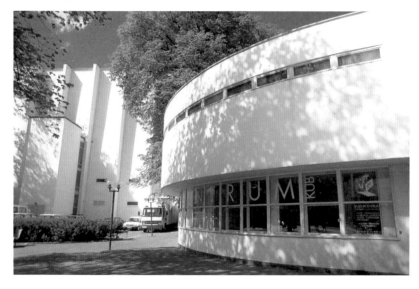

25 ヘルシンボリ市立コンサート・ホール　map I
Helsingborg Konserthuset
❶Sven Markelius　❷1932
❸Drottninggatan 19, Helsingborg

スウェーデンを代表するモダニズム建築の一つ。赤茶色のマホガニー材を内装に使ったホールの音響は北欧随一。ホール部分の構造を支える柱は外部に露出され、単調になりがちな白壁の外観に表情を与えている。外観ではつながって見える入口とホワイエの間には、迂回するように左右に半円状のクロークが配されていて、直接ホールへ入れないように工夫されている。

26 聖ペトリ教会　map I
S:t Peter Kyrka
❶Sigurd Lewerentz　❷1967
❸Klippan, Skåne

長方形の聖堂をL字形に教区センターが囲む。内部は、スウェーデン・ヘルシンボリ産の暗褐色のレンガ壁により重厚な雰囲気が生まれている。一方、鉄骨の柱と梁に支えられた天井は、波状に小刻みにうねり、内部に独特な軽快感を生み出している。照明器具や開口部の周りなどにも繊細なデザインが見られる。

27 ルンド大聖堂　map I
Lund Domkyrkan
❶Donatus　❷1080-1146
❸Domkyrkan, Lund（ルンド駅の東300m）

ルンド公園の南に建つ、ロマネスク様式の総石造りの大聖堂。北欧初のローマ教会の司教会。北欧における活動の中心として各地の教会を統轄している。外観は2つの塔が特徴。入口を入って左手に、14世紀から動き続けている天文時計があり、12時と15時には聖母マリアやキリストなどの仕掛け人形が時を告げる。

28 ルンド市庁舎
Lund Rådhus

❶Klas Anshelm ❷1966
❸Storatorget, Lund

map I

新古典主義様式の2棟の既存市庁舎の間に挿入された三角形平面の建物。外観では、屋根から突き出した2つの大きな楕円筒形の翼棟が目立つ。翼棟内部は、2つとも会議場となっている。壁面上部には、天井と壁を切り離すかのように、一周に渡ってびっしりと高窓が配され、室内に十分な光を注ぎ込む役目を果たしている。

29 マルメ城
Malmöhus/Malmö Museer

❶M. Bussaert ❷1542
❸Malmöhusvägen, Malmö

map I

「マルメヒュース」と呼ばれ、デンマーク領として栄えていた当時の面影を残すスカンジナビア最古の城。現在は一部、博物館。デンマーク国王クリスチャン3世により、マルメとルンドの教会を壊して集めた材料で建造された。堀に映る北欧ルネサンス様式の姿が美しい。17世紀末にスウェーデン領になり、18世紀には監獄として使用された。

30 聖ゲルトルド礼拝堂/聖クヌト礼拝堂
S:t Gertrud Kyrka, S:t Knut Kyrka

❶Sigurd Lewerentz ❷1944
❸Östlicher Friedhof, Malmö（マルメ東部墓地内）

map I

2つの礼拝堂正面入口には、上階から張り出した木造の屋根を列柱が支えるポルティコがある。内部は黄色レンガやマツなどの板貼りの壁で囲まれ、木の素材感が感じられる空間。また同じ墓地内にあるコンクリート壁に片流れ銅板屋根の「花のキオスク」も必見。銀色に光る天井やガラス面と壁面の取り合いが美しい。

31 マルメ市立劇場/コンサート・ホール
Malmö Stadsteater och Konserthuset

❶S.Lewerentz, E.Lallerstedt, D.Helldén ❷1944
❸Östra Rönneholmsvägen 20, Malmö

map I

公園内にある劇場兼コンサート・ホール。設計競技の末、1等案と2等案を組み合わせた建物が実現した。扇形平面のコンサート・ホール。舞台の背景幕を収納する大きな箱形の棟が屋根から突き出しているが、建物の横幅があるのでバランスよく見える。入口前の柱の並ぶ空間（ポルティコ）が全体のデザインをまとめ上げている。

32 マルメ市立アート・ギャラリー
Malmö Konsthall

❶Klas Anshelm ❷1975
❸S:t Johannesgatan 7, Malmohusvagen, Malmö

map I

設計者が得意とする対角線状に取っ手が付いたデザインのガラス扉を入ると、奥にコンクリート壁の展示室がある。屋根に突出したトップライトと550個の小型ドームライトによって、白を基調とする展示室に十分な明るさを確保している。展示室の天井に取り付けられたスチール製パイプとフローリングの床に工夫があり、展示用の壁をどこにでも設置できる。

33 ヴィスビーの街並み
Visby

map I

🏛

❷12世紀
❸Gotland Island

ゴットランド島の中心にあるヴィスビーの街は、12〜14世紀にハンザ同盟によるバルト海貿易の中心として栄えた。特に13世紀の城壁で囲まれた旧市街は中世の趣があり、当時の繁栄をそのままに伝える貿易会社の建物や倉庫、教会の遺構が残る。古代遺跡から発掘された象形文字の描かれた石も必見。ユネスコ世界遺産に登録されている。

34 ヨーテボリ美術館
Göteborg Konstmuseet

map I

❶A. Bjerke, R. O. Swensson, E. Torulf, S. Ericson他
❷1923　❸Götaplatsen, Göteborg

中央の基壇上に左右対称にそびえる国内第2の規模を誇る美術館。ヨーテボリ300年祭博覧会に、他のアート・ギャラリー、噴水などとともに完成。その後、劇場、コンサートホール、ホテル、図書館などがヨータ広場の周縁部に続々と完成し、公共施設が建ち並ぶ地区が形成された。一帯は一大文化ゾーンとなっている。

35 ヨーテボリ市立コンサート・ホール
Göteborg Konserthuset

map I

❶Nils Einar Eriksson　❷1935
❸Götaplatsen, Göteborg

長方形の平面の中に大小2つのコンサート・ホールがある。動線の処理が巧みで、2階の大ホールには1階のクロークを真っ直ぐ抜けて正面の階段を上がり、さらに緩やかに曲がった大階段を上がればたどりつける。ヨータ広場に面した外観は、大きなガラス窓と円柱とが繰り返し配置され、左右対称の格調の高い建築である。

36 ヨーテボリ市庁舎

map I

Göteborg Rådhus

❶N. Tessin the Elder/E. G. Asplund
❷1672/1937（増築）　❸Gustaf Adolfs Torg 1-2, Göteborg

1672年に建てられた後、何度か改修された。アスプルンドによる増築は約25年間に渡り、何度となく設計変更が繰り返された曰く付きの建物。中庭のアーケードのみが17世紀当時のもの。広場に面して右側の棟の3層吹抜け空間が見所で、天窓から光が入り、繊細にデザインされた階段や手すり、鉄骨の柱などを優しく照らす。

37 オイヤレッド・ゴルフクラブ

map I

Öijared Golfklubb

❶Gert Wingårdh　❷1988
❸Öijared, Floda, Lerum

ゴルフの第一コースは、クラブハウス屋根上にあるグリーンから始まる。地面に半分埋め込まれたクラブハウス内の円柱は、正三角形を基準寸法にしたシステムに従って配置されているが、画一的な空間になっていない。階段や人工的な川、複雑に折れ曲がったガラス面、レンガ壁の組合せによって多様な内部空間が生まれている。

38 ウップサラ大学・本館

map I

Uppsala Universitetshuset

❶Herman Teodor Holmgren　❷1887
❸Uppsala Universitethuset, Uppsala

ウップサラ大聖堂のすぐ西にある、北欧諸国で最も古い総合大学の本館。「大学ホール」と呼ばれる後期ルネサンス様式の重厚な建物。大学は1477年に大司教ヤコブ・ウルフソンによって創設されて以来、カトリック教会の支配下にあり、現在まで10名以上のノーベル賞受賞者を輩出してきた名門である。ウップサラの町は大学を中心に栄えてきた。

39 ウップサラ大学・歴史博物館

map I

Uppsala Universitet, Gustavianum

❷1622
❸Uppsala Universitet, Uppsala

本館の左手にある、変形ドームの天井を持つ歴史博物館。通称の「グスタヴィアヌム」はグスタフ・アドルフ国王の名にちなむ。スウェーデンの古代から中世の歴史資料が収蔵・展示されている。最上階のドーム内にある、人体解剖用の演台を中心としたかつての階段型教室が見所。薄暗く天井の高い空間は寺院を彷彿とさせる。

40 ウップサラ大聖堂

map I

Uppsala Domkyrkan

❶E. de Bonneuil（創建）　❷1260-1435（創建）/1890（再建）
❸Domkyrkoplan, Uppsala

北欧で最大規模のキリスト教の教会。完成まで150年の歳月がかかり、その後改修が繰り返されてきた。高さ119mの2つの塔は、1702年の焼失後、1890年に再建されたウップサラの町の象徴。聖堂内の石棺には名君グスタフ・ヴァーサが埋葬されている。北側の塔には、キリスト教の歴史に関する博物館がある。

41 ビルカとホーヴゴーデン
Birka och Hovgården

❷9世紀
❸Birka, Hovgården（Stockholmの北西）

map I

メーラレン湖に浮かぶビョルケー島の町ビルカと、その西側のアデルスユー島の町ホーヴゴーデンには、ヴァイキング時代の文化を伝える墓地や遺跡が残る。当時、交易の中心として栄え、交易網はロシアから英国まで及んでいた。ビルカは830年、スウェーデンで最初にキリスト教の布教を受けた地。ユネスコ世界遺産に登録されている。

42 エンゲルスバリの製鉄所
Engelsberg Bruk

❷16世紀
❸Angelsberg, Engelsberg（Stockholmの北西150km）

map I

スウェーデンには良質な鉄鉱石が豊富に埋蔵されているため、16世紀以降、中心的産業となった製鉄業が、最初に本格的に操業された地。1681年には当時最新の溶鉱炉も建設された。製鉄所自体は1919年、閉鎖されたが、繁栄当時の50以上の産業遺産が森の中に残り、スウェーデン産業史を知る上で必見。ユネスコ世界遺産に登録されている。

43 ルーレオの街並み
Gammelstad Kyrkstad, Luleå

❷14世紀
❸Luleå

map I

ボスニア湾にのぞむ北部地方一の良港ルーレオの旧市街ガンメルスタード地区は、14世紀にできた教会村。現存する424戸の中世の木造家屋は、シュルクスタードと呼ばれ、近郊の街から礼拝に訪れた人々の宿泊用に建てられた。村の中心にある、1400年に建った北部地方最古の教会は、一見の価値あり。ユネスコ世界遺産に登録されている。

44 ターニング・トルソ
Turning Torso

❶Santiago Calatrava　❷2005
❸Lilla Varvsgatan 14, Malmö

map I

スウェーデン第3の都市マルメのランドマーク。54階建て・高さ190mで、スカンジナビア半島で最も高い住宅用高層ビルである。人間が体をひねったような彫刻的なプロポーションをしており、下から上に行くにしたがって徐々に細くねじれ、基礎から頂上までで約90度回転している。建物の随所に最先端の環境技術が取り入れられている。

45 ヴァールベリのグリメトン無線局
Grimeton Radio Station　❶Carl Åkerblad, Henrik Kreüger　❷1924　❸Grimeton 72

map I

スウェーデン南部にあるラジオ放送局で、初期の大西洋横断無線通信の記念碑的存在である。敷地内には高さ127mの6本の自立型鉄塔が並び、新古典主義様式の建物内には、短波送信機やアレキサンダーソン式超長波送信機などが残されている。1996年に運用停止となった。2004年世界遺産登録。

46 ヘルシングランドの装飾農場家屋群
Decorated Farmhouses of Hälsingland　❷18~19世紀　❸Hälsingland

map I

スウェーデン北東部のヘルシングランドに残されている木造建造物群のうち、豪華な装飾が施された木造農家7軒が2012年に世界遺産に登録された。亜麻の栽培や森林開発で富を得た豪農が18~19世紀頃に建てたもので、祭礼用の部屋やタペストリー、天井や壁の絵など、民族芸術の粋が集う。

map **K** ノルウェー
NORWAY

0　100　200 KM

N

北極海
NORDSTJERNEN

マーゲロイ島　ノールカップ
Magerøya　Nordkapp　50

フィンマルク
Finnmark

43
トロムソ
Tromsø

カラショク
Karasjok

ヴェステローレン諸島
Vesterålen

トロムス
Troms

フィンランド

ナルヴィク
Narvik

ロフォーテン諸島
Lofoten

45

ロヴァニエミ

ヴェストフィヨルド
Vestfjorden

ボードー
Bodø

ノルウェー海
Norskehavet

ノールラン
Nordland

スウェーデン

スヴェーデン

42
トロンヘイム
Trondheim

41

44
52
32
39
40

ガイランゲルフィヨルド
Geirangerfjord

フロー
Florø

36　37
38

ソグネフィヨルド
Sognefjord

34

ベルゲン
Bergen

8
5
1

ハダンゲルフィヨルド
Hardangerfjord

リレハンメル
Lillehammer

ハーマル
Hamar

オスロ
OSLO

33

30
31

ボスニア湾
Bottenviken

タンペレ

トゥルク

ウップサラ

47
48

29

リーセフィヨルド
Lysefjord

スタヴァンゲル
Stavanger

モス
Moss

1～27
map L

ストックホルム

エストニア

バルト海
Østersøen

46
クリスチャンサン
Kristiansand

49

スカゲラク海峡
Skagerrak

ヨーテボリ

カテガット
海峡
Kattegat

デンマーク

ラトヴィア

Borgen

16・17・
22・27

Frøen

Sørkedalsveien

Majorstuen

Suhms gate

Vigelandsparken

Bogstadveien

Frognerdammene

フログネル公園
Frognerparken

Kirkeveien

SKØYEN

←24・26

Frognerelva

Halvdan Svartes gate

オスロ市立博物館
Oslo Bymuseet

ヴィーゲラン博物館
Vigeland Museet

Industrigata

Løvenskiolds gate

Frognerveien

Drammensveien

Bygdøyallé

Parkveien

王宮公[
Slottsparke

Dronning-
parken

Frognerstranda

Drammensveien

14

Løkkeveien

Frognerkilen

BYGDØY

Munkedamsveien

10

Museumsveien

9

5 ピペル湾
Pipervika

Langviksbukta

コン・ティキ号博物館
Kon-tiki Museet

ヴァイキング船博物館
Vikingskipshuset

フラム号博物館
Frammuseet

Bygdøynesveien

海洋博物館
Norsk Sjøfartsmuseet

オスロフィヨルド
Oslofjorden

1 オスロ市庁舎
Oslo Rådhuset
map L

❶Arnstein Arneberg, Magnus Poulsson　❷1950
❸Rådhusplassen 1

港の近くにあるオスロのシンボル。ノルウェー版
ナショナルロマンティシズム様式の傑作。設計競
技から建設までに31年かかった。都市の門に見
立てた2つの塔状の棟がそびえる。エントランス
ホールにヨーロッパ最大といわれる巨大な絵画
が、2階にはムンクの絵『人生』が飾られている。
毎年ノーベル平和賞の授与式が行われる。

2 オスロ大学
Universitetet i Oslo
map L

❶C.H.Grosch, K.F.Schinkel　❷1838
❸Karl Johans gate 47

ギリシア古典主義の建築家として名高いドイツ人
カール・F.シンケルの案を元に建てられた大学。
講堂、図書館、教授用住宅、体育館からなる。元
来は全学部がこの場所にあったが、現在は法学部
と薬学部のみ。1911年増築のアウラ講堂には、
国民的画家ムンクの壁画がある。通りの反対側に
国立劇場がある文化地区。

3 ノルウェーデザイン建築センターDOGA
Norsk Design og Arkitektursenter DOGA
map L

❶ Bergersen-Gromholt-Ottar　❷1993
❸ Hausmanns gate 16

旧建築＆デザイン・センターを前身とする、デザ
イン・建築情報の起点。ノルウェー・デザイン産
業のPRを行う公共財団法人DOGAの活動発表・
交流の場である。一般向けの展示やイベントの開
催のほか、デザインショップなどもあるので、ノ
ルウェー・デザインを知りたい人はまずここへ行っ
て情報収集するのもおすすめだ。

4 新国立美術館 map L
Nasjonalmuseet
❶Kleihues Schuwerk　❷2022
❸Brynjulf Bulls plass 3

ナショナル・ギャラリー、建築博物館、現代美術館などが統合され、新国立美術館として2022年にオープンした。総面積55,000㎡という北欧最大級の美術館である。ムンクの『叫び』をはじめとする作品群や、アート・建築・デザイン関連のコレクションや美術図書館、最上階には企画展示スペース「ライトホール」なども置かれている。

5 アストロップ・ファンレイ美術館 map L
Astrup Fearnley Museet
❶Renzo Piano Building Workshop in collaboration with Narud Stokke Wiig　❷2012　❸Strandpromenaden 2

1993年設立の現代美術館。2012年に完了したシューホルメン地区の再開発の一部としてリニューアルオープンした。フィヨルドの砂浜に面した建物は、芝生のうえに彫刻が置かれた広場にあり、屋内は彎曲したガラス屋根から差し込む自然光で明るく満たされている。自然と触れ合いながら現代芸術を鑑賞できる小都市のような空間だ。

6 アーケシュヒュス城 map L
Akershus Slott
❶Christian Ⅳ　❷17世紀
❸Akershus Festning

1527年の大火災で焼失した跡にデンマーク国王クリスチャン4世によって改築されたルネサンス様式の城。その姿はむしろ宮殿と呼ぶにふさわしい。素材の色や積み方などが工夫され、外壁には様々な石積みが見られる。オスロ湾を一望できる、市内に残る最古の建物。今日では周辺の公園とともに市民の憩いの場となっている。

7 聖ハルヴァル教会 map L
St.Hallvard Kirke
❶Lund & Slaatto　❷1966
❸Enerhauggt. 4

ノルウェー近代教会建築の最高傑作。装飾性を排除したレンガの外観は、周囲の住宅に配慮して高さを抑えているため、一見、教会とは気づかない。内部では、逆ドーム型の天井が目を引き付ける。温かみのあるレンガ壁の素材感、コンクリート打放しの天井の研ぎ澄まされた雰囲気、柔らかく差し込む自然光による荘厳な空間が広がる。

8 ムンク美術館 map L
Munch
❶Estudio Herreros　❷2020
❸Edvard Munchs Plass 1

ノルウェーを代表する画家エドヴァルド・ムンクの名を冠した美術館。2020年に現在地へ移転・再オープンした。13階建て・7層構成で、穿孔アルミニウムで仕上げられたファサードは気候や水辺の表情を映し出し、独特の雰囲気を放っている。館内にはカフェやバーも複数あり、ウォーターフロントを眺めながら一休みすることもできる。

9 ノルウェー民俗博物館　map L
Norsk Folkemuseum

❷1894
❸Museumsveien 10

ノルウェー全土から集められた170以上の建物が保存・管理されている屋外博物館。ノルウェー建築の起源ともいえる木造スターヴ教会（支柱式教会）や屋根に草が生えたログハウス形式の農家などがある。都市開発や管理不十分による伝統的建物の荒廃・取り壊しなどの問題に対して、他の北欧諸国同様、いち早く対策を行い、保存してきた。

10 ゴル教会　map L
Gol Kirke

❷1250/1885
❸Museumsveien 10（ノルウェー民俗博物館内）

ハリングダール地方ゴルに建てられ、1885年にオスカー2世によりノルウェー民俗博物館に移築された。屋根にヴァイキング時代の名残を思わせる竜の飾りがある。支柱式構造をもつノルウェー独特の木造スターヴ教会は、交通の不便な山間部に建っていることが多いため、首都で見られるものは唯一。夏の間、日曜礼拝が行われている。

11 芸術家の家　map L
Kunstnernes Hus

❶Gudolf Blakstad, Herman Munthe-Kaas　❷1930
❸Wergelandsveien 17

ノルウェーで活躍する芸術家が文化省の援助を受けて運営し、国内外の現代アートを展示するギャラリー。シンプルで洗練された正面玄関は、ノルウェー機能主義様式の代表例だ。内部は大理石が贅沢に使用され、正面玄関から続く階段部分に施されたPer Krohgの天井画が圧巻。入口脇のカフェは芸術家のたまり場。また、道路沿いには「文学の家」もある。

12 モルテンスルッド教会
Mortensrud kirke
❶Jensen & Skodvin Architects ❷2002
❸Helga Vaneks vei 15 map L

スレート、ガラス、鉄の建築と自然を融合させた
モダンな教会建築。主要構造部は鉄骨造だが、屋
根は石垣で支えられている。スレート状の石材か
ら木漏れ日が差し込み、内部に幻想的な空間を演
出している。宗教色はさほど強くなく、自然と共
存する北欧の文化を体現した建物は、来訪者の心
を揺さぶる。

13 オスロ・ガルデモン空港
Oslo Lufthavn Gardermoen
❶Aviaplan, Nordic Architects ❷1998/2017
❸Gardermoen Hovedflyplass map L

オスロの空の玄関は、波型の屋根とガラスによる
ハイテク建築である。コンパクトにまとまった内
部は、乗降客のスムーズな移動を確保する構成。
また、ノルウェーの伝統技術・曲げ木工によるデ
ザインが各所に配され、海外から訪れた人に現代
ノルウェー建築を強く印象づける。2017年には
環境性能に考慮した大規模な増築が行われた。

14 旧アメリカ大使館
Tidligere USAs ambassade
❶Eero Saarinen, Lundhagem+Atelier Oslo
❷1959/2023 ❸Henrik Ibsens gate 48 map L

フィンランド人建築家エーロ・サーリネンが設計
した、ヨーロッパで現存する数少ない建物の一つ。
三角形平面の黒を基調とした力強い外観と白の内
装のコントラストが美しい。現在は大使館は新館
へ移転し、2023年に改修を経て一般企業の本社
となり、一部が一般公開されている。外構やエン
トランスもオリジナルに近い形で復元されている。

15 システフォス博物館
Kistefos Museum
❶BIG ❷2019
❸Samsmoveien 41, Jevnaker map L

木材パルプ工場の跡地を再利用した博物館。工場
建物を利用した産業博物館や、アート作品を展示
するブースもあり、アート・ギャラリー「The
Twist」はねじれたチューブ状の橋自体が60mに
渡るギャラリーとなって川をまたいでいる。野外
彫刻ギャラリー公園には、草間彌生ら現代アーティ
ストの彫刻作品が展示されている。

16 ヴィラ・ステーネルセン
map L
Stenersen-villaen ❶Arne Korsmo ❷1939 ❸Tuengen allé 10c
かつての株式仲買人と美術収集家の邸宅。列柱のあるピロティや細く繊細な鉄製サッシュ、前面の
ガラスブロックなどに、モダニズム様式の特徴がよく表れている。北欧のモダニズム建築をリード
してきた設計者が手がけたのは、個人住宅がほとんど。国立美術館にて事前予約をすれば見学可能。

17 フログネルセーテレン・レストラン
map L
Frognerseteren Hovedrestaurant ❶Holm Hansen Munthe ❷1898/1909 ❸Frognerseteren
19世紀後半、木造建築から派生したノルウェー独自のデザイン確立への過程を示す、ドラゴン様式
の貴重なレストラン。スイスのインターナショナル様式とノルウェーの木造教会に残る伝統的な樽
板張り木工技術を融合させて生まれたのが、装飾性の高いドラゴン様式。

18 オスロ公共図書館

map L

Deichman Bjørvika

❶ Lundhagem + Atelier Oslo　❷2020
❸ Anne-Cath. Vestlys plass 1

オスロ・オペラハウスに隣接する公共図書館。蔵書数約450万冊。外観は建物上部がフィヨルドに向かって片持ち梁で突き出した形で、存在感を放っている。地下1階・地上5階建ての内部は各フロアを吹抜けが貫き、大きな縦長連窓からは自然光が差し込み、北欧らしく自然と都市が共存する開放的な空間が広がっている。

19 オスロ・オペラハウス

map L

Operahus

❶ Snøhetta　❷2008
❸ Kirsten Flagstads Plass 1

フィヨルドの水面から浮かび上がるようにして建つ国立オペラ劇場。屋根面はスロープ状になって水面に向かって傾斜しており、屋上広場として上れるようになっているため、建物が公共スペースの一部として景観になじみ、オスロを代表する建築となっている。内装もスノヘッタによるデザインで、Olafur Eliassonの作品も展示されている。

20 オスロ大学自然歴史博物館・植物園

map L

Naturhistorisk museum, Klimahuset

❶ Lundhagem, Atelier Oslo, Atsite　❷2020
❸ Sars' gate 1

オスロ大学が管理する自然博物館とその関連施設。ノルウェー最大の自然史コレクションを収集する博物館で、都会のオアシスとなっている植物園にも見所が多い。植物園内に新設された、気候変動と環境問題を伝える若い世代向けの展示室の「Klimahuset（クリマフス）」では、気候変動の意味や解決策などが家族で学べるようになっている。

21 バッケハウゲン教会
Bakkehaugen kirke
❶Erling Viksjø ❷1959
❸Carl Grøndahls vei 27

ノルウェーのモダニズム建築家、アーリング・ヴィクショーの作品。コンクリート造の近代教会建築の代表作である。大きな三角形が目を引くが、全体はシンプルかつ端正な印象で、内部もコンクリートや石の内装が落ち着いた質感と温かみをもたらし、居心地のよい空間にまとまっている。ディテールやステンドグラスも美しい。

map L

22 ホルメンコーレンスキージャンプ競技場
Skimuseet i Holmenkollen
❶JDS architects ❷2011
❸Kongeveien 5

1952年のオスロ・オリンピックの会場となったホルメンコーレン。この地に新たに建てられた競技場は、観客席から最上階の展望台まで、高さ58mのスキージャンプ台と一体化してつくられ、会場全体が宙に突き出たダイナミックなジャンプ台の形をなしている。最上階の展望台へは併設のスキー博物館から入場可。

map L

23 国立美術館―建築
Nasjonalmuseet – Arkitektur
❶Heinrich Groach, Sverre Fehn ❷1830/2008
❸Bankplassen 3

ノルウェーを代表する建築家2名による作品。クリスチャン・グロッシェンの傑作である旧ノルウェー銀行にフェーンが改修工事とガラスのパヴィリオンの増設を手がけ、建築博物館として開館した。要塞のようなコンクリートの外壁は、隣接するアーケシュフース城の城壁を彷彿させる。フェーン晩年の傑作。

map L

24 スレペンデン駅
Slependen stasjon
❶Arne Henriksen ❷1993
❸Slependen

オスロ郊外の町スレペンデンにある鉄道駅舎。小高い丘の中腹にあり、急勾配かつ高低差が激しいことから、スロープや陸橋を複数設け、駅舎としての動線と利便性を確保している。なかでも、円筒形の建物内にある螺旋状スロープ・階段のアプローチは圧巻。内外装にも効果的に木材が用いられ、周囲の自然とうまく調和している。

map L

25 地下鉄ニーダレン駅　Nydalen T-bane stasjon　❶Kristine Jarmund ❷2003/2016 ❸Oslo
map L
建築家を登用したオスロ市内のメトロプロジェクトの一駅。地上エントランスから地下へ下るエスカレーターにはガラスの箱で囲われたようなライティングが施され、幻想的な雰囲気が漂う。

26 ベッケストゥア駅　Bekkestua T-bane stasjon　❶Arne Henriksen ❷2012 ❸Bekkestua
map L
オスロに隣接するバールム市の公共交通機関の要。V字型のコンクリート柱で支えられたスロープ・階段や駅舎を覆う巨大な鉄骨構造の屋根架構などは見る者を圧倒するが、ふんだんに用いられた木材が親しみやすさを演出している。

27 エマニュエル・ヴィーゲラン美術館　Emanuel Vigeland Museum
❶Emanuel Vigeland ❷1926-59 ❸Grimelundsveien 8
map L
20世紀初頭に活躍したノルウェーの芸術家エマニュエル・ヴィーゲランが、自らの彫刻や絵画作品を展示するために建てた美術館。フレスコ画で覆われた展示室は人間の生涯が描かれ、神秘的。

28 ベルゲン・ブリッゲン地区の街並み map K
Bryggen
❷13-16世紀
❸Bryggen, Bergen

1979年にユネスコ世界遺産に登録された。かつてドイツのハンザ商人居留地として栄えた町。幾度となく火災の被害を受けたが、復元修復を繰り返した切妻屋根の木造家屋が、現在も港に面して建ち並ぶ。背後に切り立った山々を控えた斜面に木造家屋が散在する様は、立体感と奥行きのある景観をつくりだしている。

29 ヘッダル教会 map K
Heddal Stavkirker
❷1248/1848/1952
❸Heddal Svegen 412, Notodden

無垢なデザインを特徴とするノルウェーの木造スターヴ教会（支柱式教会）の中でも最大規模を誇る。アカマツを加工し耐候性を高めた硬化松材が使われている。外観は、大きく3つの棟からなる。側廊を配し、祭壇のある内陣は美しい曲面の屋根による半円形の空間である。壁画と祭壇は1600年代の作品。

30 ヘドマルク・カテドラル博物館 map K
Hedmarksmuseet
❶Sverre Fehn　❷1967-2005
❸Strandveien 100, Hamar

ノルウェー建築界の巨匠S.フェーンの最高傑作。13世紀のハマル司教の要塞と18世紀の納屋の跡を利用し、その上部に建つ博物館。遺構とガラス・コンクリートの現代的な新築部分が見事に共存している。屋外から続く展覧通路に沿って歩くと、感動的な展示風景が展開する。増設されたパヴィリオンは、フェーン晩年の作品である。

31 ヘドマルクの遺跡シェルター
Hamardomen

map K

❶Lund & Slaatto　❷1998
❸Domkirkeodden, Hamar

歴史的遺構に、ガラス屋根を架けて覆ったヨーロッパでも最大規模のガラスの建築。テント形の大屋根をもつ温室のような外観はガラスの聖堂と呼ばれ、ガラス越しに遺構が見える。内部では遺構を様々な高さから眺められ、コンサートやイベントにも使用される。隣接するS.フェーンの博物館と異なる保存展示方法を提示している。

32 ノルウェー野生トナカイセンター・パヴィリオン
Tverrfjellhytta (viewpoint SNØHETTA)

map K

❶Snøhetta　❷2011
❸Hjerkinnhusvegen 33, Hjerkinn

ノルウェー野生トナカイ財団の観察パヴィリオンおよび教育プログラムの拠点。希少な動植物の自然生息地を守るため、自然への介入を最小限に抑えつつ、訪問者も最大限に景観を楽しめるよう配慮されている。侵食された岩や氷のようなうねりを表現した木のベンチに座って、ガラス越しにトナカイたちを観察できる。夏季のみアクセス可。

33 リレハンメル美術館
Lillehammer Bys Malerisamling

map K

❶Snøhetta　❷1993
❸Kirkegata 69, Lillehammer

1960年代に建設されたコンクリート造の美術館への増築。白木の松材による曲面状の造形的な外観が特徴。水平方向にうねる外壁に合わせて天井も波形に切り取られ、曲面を強調するように軒下が一部セットバックしている。山の名前からスノヘッタと命名した設計者は、今ノルウェーで最も精力的に世界で活躍する建築家集団。

34 ステーガスタイン展望台
Stegastein viewpoint

map K

❶Todd Saunders, Tommie Wilhelmsen　❷2006
❸Bjorgavegen 83, Aurland

標高650mの山腹から突き出ている、長さ30mの細長い展望台。広大なパノラマからフィヨルドを眺めることができる。集成材を用いているので周囲の自然ともよくなじんでいる。手摺り子の一部がガラス張りとなっているので、美しい景観を堪能しつつ、崖下に吸い込まれるのでは、と錯覚してしまうスリリングな体験も得られる。

35 クナルヴィク教会
Knarvik Kyrkje

map K

❶Reiulf Ramstad　❷2014
❸Lonsvegen 100, Knarvik

幾何学的な形状が目を引く木造教会。ノルウェー西海岸に位置し、市街地を見渡す丘の中腹に建つ。地形や周囲の植生に配慮しながら、教会の主要部分（尖塔、礼拝堂など）の屋根面を意図的に上げ、強調している。外装は風化させたパイン材、内装は明るい色のパイン材で仕上げられている。連続するスリット窓から明るい光が差し込む。

36 氷河博物館　　　　　　　　　　map K
Norsk Bremuseum
❶Sverre Fehn　❷1991
❸Sogn og Fjordane, Fjærland

フィヨルドの深く切り立った峡湾をイメージさせるシャープなデザインの美術館。フィヨルド近くの平坦な土地に建つため、脇の階段から屋上に出ると、自分自身が景観のパノラマの中心点となり、自然と一体になった空間の広がりが感じられる。背後の山並みの形と見事に呼応した外観。氷河時代に関する展示が見られる。

37 ボルグンド教会　　　　　　　　map K
Borgund Stavkirker
❷1200年頃
❸Borgund

ノルウェー古来の工法を伝える、最も保存状態がよい木造スターヴ教会（支柱式教会）。柱梁構造とトラス構造を組み合わせた単純明快な木造架構には、当時の木工技術の水準の高さが偲ばれる。内外部にキリスト教と異教のモチーフが描かれ、棟端の竜頭、西門の枠の彫刻、中世の鐘の鐘楼など、キリスト教布教以前の文化も感じさせる。

38 ウルネスの木造教会　　　　　map K
Urnes Stavkirker
❷1150年頃
❸Luster kommune, Sogn og Fjordane, Urnes

北欧最古の木造スターヴ教会（支柱式教会）。かつてノルウェーには1300ほどあったが、現存は30に満たない。当時、各地の古い教会から集められた精巧な彫刻や装飾品が、北門の枠などに使われている。入口の木彫模様はウルネス様式と呼ばれる。フィヨルドを渡る強い寒風にも耐えうる柔軟性のある構造。

39 ロム教会
Lom Stavkirker
❷12世紀後期/1600年（増築）/1993年（修復）
❸Lom

map K

内外部にノルウェー木造スターヴ教会（支柱式教会）の特徴である荘厳な装飾を持つが、他の木造教会に比べると屋根面が小さく、比較的すっきりとしている。3つの棟からなり、柱が多いのが特徴。1600年に内部が十字型になるように増築され、1608年に内陣が装飾された。木造教会にも様々なデザインがあることがわかる建築である。

40 アウクルストセンター
Aukrustsenteret i Alvdal
❶Sverre Fehn　❷1996
❸Aukrustsenteret AS, Alvdal（Osloの北300km）

map K

S.フェーン設計による博物館。緩やかな起伏に富む田舎町にあり、細長い棟に石積みの棟を組み合せた外観が目を引く。細長く延びたスレート葺き屋根の内部は展示空間で、ホールもある。コンクリートを基調として、石、木などの自然素材を使い、周辺環境に配慮している。

41 ローロスの鉱山町
Røros
❷1644
❸Røros

map K

1644年の鉱脈発見以来1977年に閉山するまでの300年以上、北極圏にほど近い標高600mの過酷な気候条件の下で、自給自足の生活を送ってきた町。さらに隣国スウェーデンからの鉱山資源奪取をもくろんだ侵攻など、過酷で壮絶な歴史を今に伝える。1982年に国からの指定保護を受け、1980年にユネスコ世界遺産に登録された。

42 クリスチャン要塞
Kristiansten Festning
❶J.C.von Cicignon, A.Coucheron　❷1676-1684
❸Høydene ovenfor Bakklandet, Trondheim

map K

湾と市街そして周囲に広がるフィヨルドを一望できる丘の上にある要塞。オスロやベルゲンより起源の古い、中世ノルウェーの首都、トロンハイムを鳥瞰できる。いびつな星形の平面の擁壁に囲まれた中央に、真白な建物がぽつんと建つ。軒のない屋根などシンプルな外観。白い壁には、大砲を構えるための小さな窓が並ぶ。

43 北極聖堂
Ishavskatedralen(Tromsdalen Kirke)
❶Jan Inge Hovig
❷1965　❸Tromsdalenl, Tromsø（トロムソ橋近く）

map K

巨大な三角テントの形をした彫刻的な外観の教会。祭壇の背後の面は、キリストが描かれた140㎡の巨大な三角形のステンドグラスになっていて、室内に青く神秘的な光が降り注ぐ。屋根に沿った壁上部の隙間にはガラスがはめ込まれ、昼間は光を取り入れ、夜には内部の光が外に漏れて幻想的な姿を現す。パイプオルガンも設計者のデザイン。

44 トロルスティーゲン・ビジターセンター　*map K*

Trollstigen visitor cenre, Nasjonal turistveg-Trollstigen
❶ Reiulf Ramstad arkitekter　❷ 2012
❸ Møre og Ramsdal

国道のインフラ整備と観光事業を兼ね、景観が美しい国道沿いに190もの展望台などが建設された国家プロジェクト「ナショナル・ツーリスト・ルート・プロジェクト」の一つ。コールテンスチールの手摺りで導かれる展望台と、周囲と融合した片流れ屋根が特徴的なビジターセンターの屋根の上から、ダイナミックな自然を一望できる。

45 クヌート・ハムスン・センター　*map K*

Knut Hamsum Centre
❶ Steven Hall　❷ 2009
❸ Vestfjordveien 1464, Hamarøy

ノルウェーを代表する作家クヌート・ハムセンの記念館。展示室や図書館、劇場を内包する。"building as a body（人間の体のように構築する）"というコンセプトに基づきつつ、伝統的なスターヴ教会や草屋根にインスピレーションを得た設計がされている。内部にはスティーヴン・ホールが得意とする繊細で美しい光の空間が広がる。

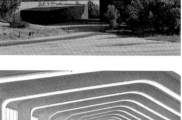

46 ベンネスラ図書館　*map K*

Vennesla bibliotek
❶ Helen and Hard　❷ 2011
❸ Venneslamoen 19, Vennesla

「世界で最も美しい図書館」と賞賛される図書館で、広場からガラス張りのファサードを抜けて中に入ると、連続した木製リブが織りなす明るい空間が広がる。この27本のリブは構造面・意匠面はもちろん、照明や音響効果、書棚や学習ゾーンの空間配置といった性能面でも活用され、空間と機能が調和した現代的な図書館を構成している。

47 アルマナユヴァ亜鉛鉱山博物館　map K
Allmannajuvet Zinc Mine Museum
❶Peter Zumthor　❷2016　❸4200 Sauda

ノルウェー南西部の景勝地サウダにある鉱山アルマナユヴァでは、19世紀末まで亜鉛採掘が行われていた。その歴史を伝え、ここで生きた労働者たちの記念碑的存在として、2016年に博物館がオープンした。峡谷の絶壁という壮大な景観のなか、黒で統一されたシンプルな建物群（展示棟・カフェ棟・トイレ棟）がひっそりと静かに佇んでいる。

48 リューカンとノトデンの産業遺産群　map K
Rjukan–Notodden Industrial Heritage Site
❷20世紀　❸Rjukan

ノルウェー南部の自然の中にある産業遺産群。20世紀初頭、ヨーロッパとアメリカの研究成果を結集させて合成肥料を造成するためにノルクス・ハイドロ社によって開発された。地理形状を活かした水力発電所から発展し、送電線やダム、鉄道、フェリー、工場、さらには住宅や教会、病院、学校などの企業城下町としても開発されていった。

49 キルデン・パフォーミング・アート・センター　map K
Kilden performing arts center
❶ALA architects, SMS architects　❷2012/2014
❸Sjølystveien 2, Kristiansand

巨大な片持ち屋根のウォーターフロントのファサードが目を引く、劇場兼コンサートホール。ファサードは地元産オーク材で覆われ、優美で落ち着いたフォルムを水辺に描き出している。劇場、コンサートホール、作業スペースなどの４つの空間・舞台芸術機関が一つ屋根の下に集まり、町を盛り上げている。

50 魔女裁判の犠牲者達のための記念館　map K
Steilneset Memorial
❶Peter Zumthor, Louise Bourgeois　❷2011
❸Steilneset Memorial, Andreas Lies gate, 9950 Vardø

ノルウェー最北東の町ヴァルドの海岸沿いに立つ、17世紀の魔女裁判で迫害された人々を追悼する施設。建築家ピーター・ズントーと現代芸術家ルイーズ・ブルジョワの共作。約125mの細長い建物がズントー設計で、木枠の間に帆布が張られた真っ白な外観に対し、内部は黒一色の空間で迫害された91人を追悼する展示がなされている。

51 ウッドネスト・ホテル　map K
WOODNEST　❶Helen & Hard　❷2020　❸Odda
限定2部屋のみのツリーハウスホテル。約15㎡のこぢんまりとした部屋が、雄大なフィヨルドを望む森の木の上に留まっている様は鳥の巣のようで、子供の頃に憧れたツリーハウスそのものだ。木材で仕上げた松ぼっくりのような外観は周囲の自然に溶け込み、内部は冬も快適に過ごせるようインフラ完備の豪華な空間に整えられている。

52 ユーヴェ・ランドスケープ・ホテル　map K
Juvet landskapshotell　❶Jensen & Skodvin Architects　❷2008　❸Alstad 24, Valldal
「ナショナル・ツーリスト・ルート・プロジェクト」の一環として建てられたホテル。分棟型のコテージが森に抱かれるように点在しており、雄大な自然を存分に堪能できる。コテージ内の大開口からも美しい景観を一望できる。

上・ゴルのスターヴ（支柱式）教会：スカンセンに移築後、現地に1994年再建
下・ムルトヴァーラの農家：建設年代の違う左右2棟を入口ホールで連結

テーマのある旅 ❾
北欧の伝統的木造建築を訪ねる

長谷川清之（北欧民家研究家）

現存する北欧の伝統的な木造建築は、民家と教会が主である。現地にそれらを訪ねるには、鉄道網も日本のように発達していないので、自動車を走らせて探しあてるしかない。しかし、いずれの国にも首都に素晴らしい野外博物館があるので、まずはそちらを訪ねていただき、時間に余裕があれば、現地に保存された建物を、その風景の中でぜひ、感じていただきたい。

かつて住まいは、地球上どの地域でも、身近にある加工しやすい素材を使ってつくられた。木、土、石、竹、北極では氷までも建材になった。このように風土によって育まれ、他文化の影響を受けて変化していくものを、私たちは民家とよんでいる。

日本の伝統的民家は、木を立てて柱とし、それらを梁などの横架材で繋い

で水平垂直で構成し、その上を深い軒を出した屋根で覆う軸組構造とよばれる構法で建てられてきた。柱と柱の間いっぱいに建具を入れるか、板や土でふさいで壁にするといった、多雨多湿の気候にあわせた開放性の高いものであった。世界に冠たる日本の木造民家や神社仏閣は、豊かな木材資源と職人の技術に裏打ちされたものである。そうした日本の民家の構法に慣れ親しんできた私たちに、新鮮な驚きを与えてくれるのが、北欧の木造建築なのである。

●もうひとつの木の文化
森と湖の国といわれるフィンランドを初めとする、ノルウェー、スウェーデン、デンマークの4国。そこには日本とは構法の違う、もうひとつの木造文化が存在する。北欧の地図を見ると、西側のノルウェーの海抜がいちばん高く、スウェーデン、フィンランドへと低くなる。ボスニア湾を挟んだフィンランドは、国土全体があたかも水に覆われているように6万を超す湖がある。これらの国の大地は、氷河に洗われた巨大な岩盤の上に、薄い土の層が被っているようなもので、簡単に加工できるような代物ではなく、建材とはならない。けれどもそうした大地にも育つ

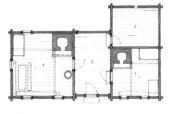

1 古い広間（18C）　3 入口ホール
2 肉と魚の倉庫　　4 広間（19C）

▲ムルトヴァーラの農家平面図（筆者実測）

▼丸太組積造民家の屋根：シラカバの樹皮を葺き、芝土で覆って防水・防寒

▼ブラヘヤ（フィンランド）の17世紀の民家：一室住居だが、4つの領域は棚で仕切られている

アカマツなどの豊かな森があった。

　人々はこの森を伐り開き、家族力をあわせ、自力で住まいを建設した。伐り倒した木を立てるよりも、労力が比較的らくで、寒さを防ぎやすい横に積み重ねる組積造が主であった。壁が先にでき上がっていく閉鎖性の強い建物には、内部には必ず炉が設けられ、極寒の地に適応した気密性の高い建物であった。この木材組積造、ログハウスはデンマーク以外の3国に共通する構法である。おおむね3国に共通する点をあげておこう。

　農家の住居棟と納屋や家畜小屋など

▲フリランズ博物館（コペンハーゲン）に移築保存された民家：中庭を囲む口の字配置

の付属棟は、それぞれ独立して立っている分棟型である。それぞれの建物が距離をおきながら、それとなく作業庭を構成するように配置されている。南部のほうが囲み方が明確になるのは、3国に共通している。屋根の形は、フィンランドの「夏の牛小屋」などの特殊なものを除き、切妻である。細い丸太や半割丸太の垂木の上に、防水材として白樺の樹皮を葺き、その上を芝土や板で覆う。藁葺き屋根はスウェーデン南部に見られる。

　煙突のついているのが住居棟とみて、まず間違いない。炉のある主室では、炊事・育児・軽作業・食事・休息・接客・就寝といった日常生活のほとんどが行われていた。炉の位置や、テーブル、ベンチ、ベッドなどの配置を子細に観察すると、主室の使われ方が見えてくる。主室での生活行為はほぼ3国に共通するが、使い分けに、国による違いが見られる。部屋数が多い場合は、どのような行為が主室からそ

▼ペタヤヴェシ（フィンランド）にある18世紀の木材組積造の教会

の他の部屋に移されたのかがわかって面白い。一室住居は極寒の地での生活の知恵でもあるが、一室の中にもいくつかの領域があり、その境界としての象徴的なものの存在も見える。住居の床は、中央に炉の設けられた土間から、地上20センチ前後に張られた板床となる。炉の位置は、通常、部屋の入口側の隅である。炉の位置や形も、国や地域、時代によっても変化している。

壁を構成する木材の交差部や断面の形も、国や時代により変化している。そこには技術の差も見られる。竪羽目の外壁も、大半はログ材保護のためにあとから板を張り付けたものである。

この3国は、国土の3分の1が北極圏、ラップランドであり、国境もなく、トナカイを放牧して暮らす、テントを主としたサーミ人の住まいがあ

る。このテントの骨組も木材で、移動時にはそれがソリの骨組となる合理性を備えた優れものである。

●デンマークの木造建築

北欧でいちばん南に位置するデンマークは、北欧人の間では「夏の北欧」ともいわれ、他の3国とは風土が違い、民家の構法も一変する。木材の組積造よりも、柱、梁の軸材の間に、石やレンガを詰めた木骨造が主となる。隣接するドイツなどの民家構法に近い。スウェーデンの南部、スコーネ地方を中心とした地域は、気候もデンマークに近く、土地も肥沃で、かつてはデンマーク領であったこともあり、木骨造が多く見られる。この構法で建てられた農家は、住居と付属屋が一棟に収まり、それらが中庭を囲んでロの字やコの字に配置されているものが多い。

▼デルスポ（スウェーデン）にある民家の特別室：入口ホールを挟んで主室の反対側にあり、絵で埋めつくされている

●フィンランドの木造建築

ヘルシンキの野外博物館、**セウラサーリ**には、島の入口から橋を渡ると案内所があるので、ここで解説書を入手するといい。フィンランドを代表する建築家、A.アールトが「建築における模範的な建物である」といったニエメラの小作農家があるので、これはぜひ注意深く見てほしい。

　この国の教会も木材組積造である。キリスト教が布教されてから、木の国の職人たちが西欧の教会を見よう見真似で、自分たちの持てる技術で工夫してつくりだしたものである。日本の明治時代の洋風建築のつくられ方に共通するものが感じられる。教会の場合、ダブルティル・ノッチといって、組み上げられた木材の交差部は、先端が飛び出さないようになっている。一例と

して現地保存されている、中南部の町ユヴァスキュラの西方約30キロの**ペタヤヴェシの教会**をあげておこう。並び立つ直線的な十字形平面の聖堂と、曲線的な鐘楼の外観との対比が美しい。内部には職人によって彫られた素朴な味わいのある聖人像もある。時間があればぜひ訪ねてほしい。

　セウラサーリにも保存されているが、教会の近くで、屋根だけが浮いたような小屋を目にすることがある。家々を巡って教会に行くための相乗りボートを収納する小屋である。数本が対になった井桁状の箱柱で屋根を支持している。組積構法を主とする民族ならではの発想で、柱・梁で建物の構造を発想する日本人には、大変興味深い架構体である。

▼▶エーケトルプ（オーランド島）の復元集落の
堡塁（上）、復元住居（下）、復元された木軸住
居の詳細（右）

▲ヒンメルスベルガ（オーランド島）にある口の字
型配置の民家

●スウェーデンの木造建築

ストックホルムの**スカンセン**は、1891
年に開館した世界最初の野外博物館で
ある。モラガルデンはダーラナ地方の
農家で、主室のテーブル上部に吊って
ある彫り物がされた長い板や家具の配
置を注意深く観察してほしい。エルヴ
ロスガルデンの住居棟には、入口ホー
ルの左右に同規模の広さの部屋が並ん
でいる。左側は日常生活のすべてを過
ごす主室、右側は日頃は財産を保管し
ておくところだが、休日やクリスマス
などに人々が集う特別の部屋。地方に
行くと、この部屋の壁や天井が絵で埋
めつくされているのを見ることができ
る。この特別室はスウェーデンの民家
独特のものである。

　スウェーデンの東、ボスニア湾にゴ
ットランドとオーランドという2つの

▲ブンゲ（ゴットランド島）にある日本の板倉に近
い構造の民家（上）、同じ民家の壁。柱の溝に厚
板がはめ込まれている（下）

▼アルヴダル（ノルウェー）の山の中腹に現地保存された農家

▼ノルウェーの民家：卵型の断面をした丸太材を使った壁

島があるが、ここには日本の板倉に近い軸組の民家がある。オーランド島へはカルマルから6キロもの長い橋が架かっている。島は本土と違い、樹木が少なく、ゴロゴロした石の塊が目立ち、風に向かって台ごと向きを変えられる風車や舟形の石柱墓が見られる。細長い島の南部には、発掘された古代の集落を復元した**エーケトルプ**がある。高さ4.8メートルの環状の石垣に囲まれた集落で、石積壁と木軸の混合した構造や軸組の興味深い民家である。島の中央部、ヒンメルスベルガには、主屋、付属屋がロの字型に配置され、板倉に近い、2つの時代の富農農家が現地保存されている。

ゴットランド島へは6～7時間の船旅でヴィスビーに着く。薔薇と廃墟の町といわれ、木骨造の民家や石積の城壁、教会跡がいたるところに見られる。島の最北部ブンゲには、本土にはない、日本の板倉に近い構法の民家がある。20センチもの角柱の面に縦に彫った溝に、厚い板をはめ込んで壁を構成する。室内に出る柱の角は、床上から天井下まで削られ面取りされている。両島には木材組積造は見られない。

●**ノルウェーの木造建築**

オスロの**民俗博物館**にも魅力的な民家が数多く移築されている。この国の民

▲ノルウェーの民家：ロフト（左）、ロフトの束部分の詳細（中）、ロフトの角柱の詳細（右）

家は木材組積造であるが、この構法を主とする国の中で、加工技術が最も優れている。積み重ねられた木材の断面は見事な卵形に加工されている。人々はその面を「熊の太鼓腹」という。

この国の民家の中で印象的なのがロフトの存在である。上部を支える束の力強さ、2層目の角のふくらみをもった柱、入口扉を飾る彫り物、それらが統合されて見事なデザインになっている。

さらに、もうひとつの木の文化の極ともいえるのが、スターヴ（支柱式）教会である。11〜14世紀に建てられたものが、ノルウェー全土に30棟残っている。基本構造の木の円柱とそれらを結ぶかすがい梁、肘木などの構造、耐候性の工夫、加工技術、空間性などが相まって、特異で美しい木造建築をつくりあげている。オスロの民俗博物館にも**ゴルの教会**が移築され、現地には新たに再建されている。

これらの建築が生まれる背景には、9〜12世紀のヴァイキングの活動を可能にした船を造った職人の技術を忘れることはできない。民俗博物館から徒歩5分の**ヴァイキング船博物館**もぜひ訪ねていただきたい。

北欧各国を見ると、キリスト教会であっても、石造の西欧とは違う木の国ならではの、それぞれの国による解釈があり、興味はつきない。日本人の木への想いとはひと味違う、北欧人ならではの想いが感じられ、もうひとつの木の文化を発見する歓びに満たされるに違いない。

▲スカンセンに移築されたスターヴ教会の内部

▲ヴァイキング船博物館（オスロ）に展示されている発掘されたヴァイキング船

●セウラサーリ野外博物館
Seurasaaren Ulkomuseo
ヘルシンキ市内からバスで20分
●スカンセン野外博物館
Skansen
ストックホルム中央駅からバスで15分
●ノルウェー民俗博物館
Norsk Forkemuseum
オスロ国立劇場からバスで20分
●フリランズ博物館
Frilandsmuseet
コペンハーゲン中央駅から電車と徒歩で約40分

＊いずれも開館時間を事前に観光案内所で確かめること。開館していても建物内部を見学できない時期もある。無難なのは6、7月。

テーマのある旅 ⓾

心地よい読書空間を訪ねる
──北欧の図書館建築──

和田菜穂子（建築史家・東京家政大学准教授）

北欧諸国は豊かな自然環境に恵まれ、世界幸福度ランキングの上位を占めている。しかし冬季になると緯度が高いという地理的条件により、気温の低下だけでなく、日照時間が極端に短くなる。つまり、寒くて、暗くて、長い冬が到来するのである。ありのままの自然を受け入れざるを得ない北欧の人々にとって、冬の間は肉体的にも精神的にも厳しい状況に置かれる。彼らは多くの時間を室内で過ごすことになる。いかに室内で心地よく過ごすか。室内で楽しむ術を見つけるのに長けているのは、そのような厳しい自然環境と常に向き合っているからであろう。そのような背景から、北欧では特にインテリアが発展してきた。ルイスポールセンの照明器具、アルテックの家具、イッタラの食器、マリメッコのファブリックなど優れたメーカーが登場し、室内空間に彩りを与えている。

　北欧の幸福度の高さや豊かさの秘密は、何気なく過ごしているように見える彼らの日常生活にヒントが隠されているのではないだろうか。しかし、単なる旅行者が一般住宅やプライベート空間に立ち入ることはなかな

か困難であろう。そこで今回は、北欧の豊かさを感じることができるパブリック空間として、図書館建築を挙げたい。図書館なら旅行者でも気軽に訪ねることができる。そして意外にも北欧の図書館は老若男女で溢れていて、活気があることを実際に体験してもらいたい。図書館建築は美術館建築とは異なり、肩の力を抜いた「日常のほっこりさ」を旅行者の私たちでもきっと感じとることができるだろう。「図書館を利用する主な目的は何か」と尋ねると、多くの日本人は「本を読むため」「本を借りる・返すため」「勉強・仕事のため」「調べ物をするため」「時間潰し」「ビデオ・DVDを見るため」と答えるが、北欧では「他者と関わるため」という回答が加わる。なぜなら「会話OK」「飲食OK」というスペース

▲ストックホルム市立図書館の中央閲覧室

▲ストックホルム市立図書館外観

▲ストックホルム市立図書館内観

があり、1人で過ごすためではなく、他者との交流を目的に訪れる人が多いのである。北欧の図書館は「市民が集う場」としての役割を担っているのである。本稿では、筆者のお薦めの図書館建築を挙げ、それぞれの特徴や見所を紹介する。

●美しい図書館の元祖
―ストックホルム市立図書館

ストックホルム市立図書館（1928）は、北欧の近代建築を牽引したスウェーデン人建築家エリック・グンナー・アスプルンドが設計した図書館で、「世界一美しい図書館」と評されている。新古典主義に傾倒していた頃のアスプルンドの初期作品であるが、それ以前に竣工したスカンディア・シネマ（1923）と比べると装飾が削ぎ落とされ、北欧モダニズムへの萌芽が見てとれる。オレンジ色の外壁が特徴的で、装飾は低層部に巻かれたコーニスのみである。門型の入口からエントランスホールに至ると黒漆喰の暗い空間の中にエジプト風紋様のレリーフが浮かび上がり、まるで神殿のように厳かな雰囲気をまとっている。階段を上

り中央閲覧室に至ると、今度は白い漆喰塗りの壁面の明るく開かれた大閲覧室が現れる。直径約28メートルの円柱状の吹抜け空間で、3層に積層する書架が360度ぐるりと囲んでいる。上部を見上げるとハイサイドライトから自然光がうっすらと入り込み、吊り下げられた照明器具の明かりと合わさり、凸凹した白い壁面に陰影が浮かび上がり、まるで教会に来たかのような荘厳さを感じる。円筒の大閲覧室の脇には一般向けと子ども向けの閲覧室がある。子ども向け閲覧室の天井には星座が描かれている。その奥には読み聞かせの部屋があり、半円のプランになっているが、最初に目に飛び込んでくるのは曲面の壁に描かれた巨大なフレスコ画であろう。赤い大きな傘を持つ少年、内側に描かれた龍、眠る人、騎士、馬などが描かれ、それによって物語の世界にすっと入り込ませる役割を担っている。

　実はアスプルンドの初期案は現在のプランとは少し異なっていた。中央閲覧室の天井はフラットではなくドーム型で、玄関にはコリント式オーダ

ーがあった。おそらくフィンランド国立図書館（1845）を参照したのではないだろうか。こちらはドイツ人建築家カール・ルードヴィグ・エンゲルとグスタフ・ニューストロムが設計した図書館で、ヘルシンキ大聖堂の隣に位置しており、こちらも入館可能である。「美しい図書館」のもとになっているのは、このフィンランド国立図書館なのではないだろうか。観光地化しているストックホルム市立図書館とは異なり、こちらは地元の人たちが愛用する穴場の図書館である。

●アールト初期の図書館

次に、フィンランドの国民的英雄であるアルヴァー・アールトの図書館を紹介しよう。まずは初期作品**ヴィープリの図書館**（1935）から。機能主義時代の代表作で、彼が国内外で名を広める契機となった重要な作品である。コンペが行われた1927年当時、ヴィープリはフィンランド第2の都市として栄えており、アールトは若干29歳だった。故郷のユヴァスキュラで教会の改修などを手がけた程度で、まだ主だった作品はなかった。コンペ案当選から何度も改変が行われ、1935年にようやく完成したものの、ソ連との冬戦争によって1940年にフィンランドはヴィープリを含むカレリア地方を奪われてしまい、ヴィープリの図書館はアールトの手が届かないものとなってしまった。

それではその特徴を見てみよう。1920年代にヨーロッパで登場しはじ

▲ヴィープリの図書館の講堂

▲ヴィープリの図書館の閲覧室

めた白い箱形の機能主義建築の特徴をもつが、直線的な外観に対して内部には波打つ天井などの有機的なデザインや丸型のトップライトなど、その後に続くアールトのデザインボキャブラリーが見られる。波打つ天井は人々が集まる講堂に設けられ、静かに過ごす読書室とは異なり、講演者の声をいかに拡散させるかを熟考し、音の反響をシミュレーションしてデザインされた。メインの閲覧室は階段を下った低い位置に設けられ、アールトの図書館建築の基本形の萌芽といえる。円形の天窓と照明器具からの光を考慮したスケッチが何枚も残されており、音だけでなく光の反射も考察している。なお、ここにも子ども専用の図

書室があり、エントランスが一般向け
と別に設けられている。アールトの妻
アイノは子ども図書室に間仕切りの
ためのカーテンをデザインしている。
アールトはヴィープリがロシア領に
なってからもこの図書館に対する思
い入れが強く、同じような閲覧形態の
図書室をフィンランド国内に設けた
いという思惑があったに違いない。国
民年金局（1957）の内部に小さな図書
室を設け、一般開放を目論んでいたの
だ。それはヴィープリの図書館のオマ
ージュともいえる、一段低い場所に囲
み型の閲覧室を設ける構成の図書空
間だった。残念ながら一般に開放され
ることはなかったが、国民年金局の建
築見学ツアーで訪れることができる。

●アールト円熟期の図書館

アールトの活躍は戦後さらに飛躍し、
都市計画も手がけるようになった。セ
イナヨキとラップランドのロヴァニ
エミに、市庁舎、図書館、劇場などの
行政施設や文化施設を設け、市民が
集う広場も設計している。ロヴァニエ
ミ市立図書館（1968）とセイナヨキ市立
図書館（1965）はアールト円熟期の作
品だが、定着した独自のデザインボキ
ャブラリーがふんだんに盛り込まれ
ている。例えば、壁面上部に設けられ
たハイサイドライト、円形のトップラ
イトなどである。メインの図書閲覧室
は周囲より一段低く設けられ、書架に
囲まれた落ち着いた空間になってい
る。これはヴィープリの図書館から変
わらないアールトの手法である。また、

▲ロヴァニエミ市立図書館内観

読書机や書架にはそれぞれ照明器具
が取り付けられ、手元が明るくなるよ
うな優しい配慮がなされている。2つ
の図書館の大きな違いは、ロヴァニエ
ミの図書館は手のひら型で5つのスペ
ースが個々に広がる形態をしており、
自然光を取り入れるためにハイサイ
ドライトがそれぞれのボリュームご
とに設けられている。一方でセイナヨ
キの図書館のハイサイドライトは壁
一面に設けられ、ルーバーが用いられ
ている。1950年代以降のアアルトは再
び白い外壁を好むようになり、この2
つの図書館はその「白の時代」と呼ば
れる時期にあたる。

▲セイナヨキ市立図書館内観

●新旧の対話①
―JKMMによる図書館の増築

フィンランドの建築家集団JKMMアーキテクツは、歴史と今を繋ぐ図書館設計の名手である。その第一歩は、2007年にトゥルクの大聖堂近くにある後期ルネサンス様式の歴史的建造物の旧図書館(1903)と接続する形で手がけた**トゥルク市立図書館新館**だ。将来的に蔵書が増えることを想定し、ゆとりのあるオープンスペースを設け、フレキシブルに可変できるよう考慮している。開放的な大きなガラス窓が特徴である。その後、セイナヨキ市立図書館の増築のコンペが行われ、JKMMの案が選ばれ、2012年に完成した。建物が3つ広がっている形態から、フィンランド語で「クローバー」を意味する「アピラ」と名付けられた。一見すると独立した建物のように見えるが実は地下道で旧館と繋がっている。古い建築を残したまま新館と接続する実績と経験があったからこそ、偉大なる建築家アルヴァー・アールトと繋がるプランを打ち出し、コンペに勝ったのだろう。新館の配置はアールトの旧館に敬意を表し、その裏側に設けられた。さらに彼らは2016年にアールト大学図書館の内装改修を行い、地下に学習センターを増築した。2020年にはキルッコヌンミの図書館新館が完成。銅板の外壁が特徴的であるが、これもまた1982年に建てられた旧館を取り囲む形でデザインされ、2021年にフィンランド建築家協会の建築賞を受賞している。

●新旧の対話②
―デンマーク王立図書館

図書館増築に関しては、**デンマーク王立図書館**が先駆であった。建築家集団シュミット・ハマー＆ラッセンによって設計された黒い花崗岩に覆われた**新館「ブラック・ダイアモンド」**は1999年に開館し、斬新なデザインが話題となった。黒い立方体のボリュームの間に8層吹抜けのガラスのアトリウムがあり、スロープ状のエスカレーターで上下階を移動する。1階にはカフェ、ショップ、展示スペース、レストラン、コンサートホールなどがあり、オープンスペースとなっている。特に運河に面する外部スペースでは椅子

▲トゥルク市立図書館新館

▲デンマーク王立図書館「ブラック・ダイアモンド」のアトリウム

に腰かけ、日光浴しながら読書する人たちで溢れている。運河に向かって傾斜している黒い壁面には水面が映し出され、キラキラ輝いて見える。「黒いダイアモンド」の名前の由来はそこからきているが、実は「書物を宝とみなす宝石箱」というデザインコンセプトが大元にはあった。一番の見所はやはり、ガラスのアトリウム空間である。両サイドには波のように湾曲して閲覧室から飛び出しているバルコニーがあり、空中通路が両サイドを繋いでいる。上層階からのぞいてみるとその構成がよくわかる。

　筆者が特にお薦めしたいのは旧館である。歴史ある旧館は新館とブリッジでつながっており、その下に車道が走っている。旧館の奥には整えられた庭園があり、噴水のある池の周りには季節ごとに咲く花が植えられている。ダニエル・リベスキンドが設計したデンマーク・ユダヤ博物館（2004）は旧館の一部を改築して設計され、その入口は庭に面している。小さな入口なのでわかりにくいが、図書館建築訪問と併せて訪れてみてほしい。

●アルネ・ヤコブセンの図書館

デンマークの巨匠アルネ・ヤコブセンも図書館の設計を手がけている。その一つが**ロドオウア図書館**（1969）であり、向かいには同じくヤコブセン設計のロドオウア市庁舎（1956）がある。図書館の外観は水平線を強調した石積みの壁で、閉じた印象を持つ。しかし内部に入ると、5つの中庭を持ち、内に

▲デンマーク王立図書館「ブラック・ダイアモンド」外観

開いた建築であることがわかる。中庭を持つ形態は彼の代表作の一つ、ムンケゴー小学校（1957）でも用いられている手法である。中庭へは閲覧室から全面ガラスの引戸で行き来でき、屋外で読書に耽ったり、話し合ったり、食事をとったりすることができるフリースペースとなっている。建物の形状はシンプルな直方体で、内部構成はエントランスを入るとすぐに大きなホールが現れ、多目的スペースとなっている。その両脇に一般の図書閲覧室と子ども図書室に振り分けられている。閲覧室内にあるシリンダ型の螺旋階段はヤコブセンが好んだデザインである。また図書館内の家具に関してもアントチェア、スワンチェアなど彼の代表的な椅子が用いられており、円形の照明器具や壁に取り付けられたAJランプなども彼のデザインである。注目すべきはチェスの碁盤の目が入ったテーブルで、この図書館でしか目にすることはできない。「図書館でチェスト」とは、ヤコブセンらしい遊び心といえよう。図書館を訪ねたら、必ず椅子に腰かけてみよう。

▲ロドオウア図書館内観。碁盤の目が入ったチェステーブル（右）も必見

●新たな市民の憩いの場—オーディ

2018年、フィンランドのヘルシンキ中央駅に近い場所に市民に開かれた図書館が完成した。**ヘルシンキ中央図書館「オーディ」**はうねるかたちの有機的な形態が特徴で、下層階の外壁は木、上層階はガラスで覆われている。設計者はALA建築事務所である。1階はオープンスペースで通り抜けもでき、カフェやレストラン、イベントスペースなどがある。2階は3Dスキャナー、レーザーカッター、ミシンなどを用いたものづくりの作業スペース、音楽スタジオ、写真スタジオなどがある。3階は通常の図書館のように、読書スペース、閲覧スペース、学習スペースなどがあるが、壁を設けずに、書架や階段を用いてゆるやかに空

間が区切られているのが最大の特徴である。特に階段は有効活用され、レベル差を利用して直接腰かけて本を読む人、PCを広げて作業している人、友達と複数で語らう人などの姿を見かける。空間全体がランドスケープのようで、予想外のアクティビティが生じている。老若男女、地元の人、観光客などが入り混じり、それぞれが自由に空間を活用している。ガラスの開口部から光が差し込み、さらに仕切りの壁がないので、複数のアクティビティが可視化された開放的な空間になっている。今までの概念を覆す新しい形の図書館建築の出現といえる。きっと、今後このような図書館があちこちで登場するのではないだろうか。

▲ヘルシンキ中央図書館「オーディ」エントランス　▲ヘルシンキ中央図書館内観

上・ポルヴォー：対岸から運河越しに倉庫・住宅・大聖堂が一望できる
下・ラウマ：メインストリート沿いに木造の建物が並ぶ

テーマのある旅 ⓫
バルト海の古い街並みを訪ねる

北川 卓（建築家・フレームデザイン株式会社代表取締役）

最近日本でもちょっとした「街並みブーム」である。日本人もようやく、身の回りの歴史的遺産に関心をもちはじめたということなのだろう。そうした街並みに、私たちが美しさや楽しさを感じるのは、建物が建ち並ぶ姿もさることながら、そこに住んでいる人々の営みを、垣間見ることができたときではないだろうか。

北の国、フィンランドにも歴史の荒波をくぐりぬけ、現在も人々が暮らしている古い街並みがいくつかある。その中から、長い年月がつくりあげてきた北欧最大の木造の町ラウマの街並みや、運河から歴史的な街を一望できるポルヴォー、古い建物を慈しみ楽しみながらそこに暮らす人々の生活が垣間見えるキャピュラなどを訪ねてみよう。

初めてフィンランドを訪れて気づくのは、私たちが漠然ともっている「北欧」というイメージと、この国は大きく異なっている点である。それもそのはずで、人種・文化・言語どれをとっても他の3国とは違う。フィンランドを北欧というカテゴリーで一括りにしてしまうのは、地理的な理由でしかないのである。それではこの国の人と文化はどこから来たのか。その答えの一

つは、バルト海を挟んだエストニアにある。日本からは地理的にも遠い国であるが、フィンランドを訪れたのであれば、ヘルシンキからフェリーでわずか3時間（高速船なら1.5時間）のエストニアまで足を延ばしてみてはいかがだろう。

●中世の木造集落が残るラウマ
ヘルシンキから北東へ250キロのボスニア湾に面したところに、ユネスコの世界遺産に登録された木造の町、**ラウマ**がある。もともとこの国では、木造

▲ラウマ：玄関や窓周りの装飾

バルト海に面する町

スウェーデン
ボスニア湾
フィンランド
●ラウマ
キャピュラ
ポルヴォー
ヘルシンキ
バルト海
タリン
エストニア
ロシア

の建物で集落が構成されていた。木材が豊富に採れるフィンランドでは当然のことであるが、そうした木造集落も近年になって姿を消しつつあるが、ラウマの旧市街地はスカンジナビア半島に今も残る木造の町としては、最大規模のものである。

　ラウマは1442年には中世の街路形態をもつ都市がすでにできあがっていた。その後、ボスニア湾を挟んだ北欧の大国スウェーデンとフィンランドと

を結ぶ重要な商業の港町として、徐々に発展していく。しかし、街路が入り組んだ木造の住宅街は、火災により建物が消滅していくという悲劇を何度もくりかえした。特に1682年の大火で、市街はほぼ完全に焼失した。今日のラウマ旧市街の街並みは、大火の後、古地図に沿って大半が忠実に再現されたものである。その後、1823年になって、初めて都市計画が行われた。新しく計画された地区は火災に対応できるように、広い街路と大きな街区をもつものであった。しかしこの計画にラウマの芸術家や建築家は反対し、今日まで直線的な街区は実現されていない。現在、我々が訪れることができる街並みは、このような地元の人々の歴史のある街区を残したいという強い意志が継承された結果なのである。

　旧市街地の中にある旧市役所は現在ラウマ博物館として、またかつての船主の家であるマレラ・ハウスやキルスティ・ハウスは資料館として公開されている。さらに15世紀初頭にフラン

▲ ▶ラウマ：メインストリート沿いに旧市庁舎（現博物館）の時計塔が見える（左）。フィンランド・ルター派の総本山聖十字架教会（右）

シスコ修道院の付属聖堂として建てられ、天井のフレスコ画が美しい聖十字架教会などを見学しながら、約600軒もの木造家屋で構成されたラウマの調和のとれた街並みを、じっくり体感してほしい。

●運河沿いの街、ポルヴォー

次にヘルシンキから東へ50キロの郊外にあるポルヴォーを訪ねてみよう。ポルヴォーへはヘルシンキ中央バスターミナルからバスに乗っても1時間ほどである。人口500万人のフィンランドの首都ヘルシンキは、人口たったの50万人。私たちが抱いている首都とは大きく異なっている。確かにヘルシンキ中央駅から港までの一帯は、にぎわいもあり都市であることが実感できるが、ヘルシンキが東京やパリと大きく異なっていることを実感するのは、このような郊外行きのバスに乗った時である。

　フィンランドは火山帯に属さないために、日本とは違って高い山がほとんどない。30分もバスに揺られていると、なだらかな荒野が延々と広がるだけの風景が現れる。交通渋滞とは無縁の高速道路から、ところどころに見える氷河期にできあがった湖を眺めながらバスは進み、旧市街地の中心部から少し離れたターミナルに到着する。バスを降りたら大聖堂に向かって北上しよう。まずはじめに見えてくるのは、格子状に整備された街路に建っている石造の住宅群である。19世紀に建てられた、新古典主義と呼ばれる様式の

▲ポルヴォー：（上から）新古典主義様式の建物が並ぶ地区。大聖堂に向かう曲がりくねった道。船上から見る倉庫群。ランドマークになっている丘の上の大聖堂

住宅である。

　このような様式の住宅はヘルシンキの中心部にもあり、フィンランドが独立する前までは、各地に建っていた。外壁の色は決して華美ではない黄色・薄緑・薄紅といったパステルカラーで、柱のオーダーが外壁についていることも少なくない。フィンランドはもとより、スウェーデンやロシアにもよく見られる様式である。

　街路を通り抜けると、徐々に道が曲がりくねってきて、建物はいつの間にか木造に変わる。ここが、中世に建設された街並みの特色を色濃く残している地域である。坂道を何度か上ると、大聖堂の全貌が見えてくる。小高い丘の上にある大聖堂は15世紀に建てられたが、その後、たび重なる改修が行われた。特異な形態の屋根は、タールで黒く塗装され、外壁の玄武岩とみごとに調和している。

　大聖堂からは裏手に回ると、ポルヴォーの主要交通路として物資の運搬を担った運河と、運河に面して並ぶレンガ色の倉庫群、そして大聖堂の眼下に広がる街並みが一望できる。運河沿いの倉庫群にねらいを定めて、丘を下りてゆこう。運河沿いには、レンガ色の木造の小さな倉庫が軒を連ねる。このレンガ色は、地元の土の色で、かつてはこの土に藁や馬の糞などを混ぜて、塗料として使っていた。岡山県の吹屋などの家屋に見られるベンガラの手法と、成分も色も似ている。倉庫群を川の対岸から眺めると、背後に見える街並みと、さらに遠くに見える大聖堂という、近景・中景・遠景が折りなすすばらしい景観を体験することができる。

　夏にポルヴォーを訪れることができれば、ぜひおすすめしたいのが、ヘルシンキから船で行くことである。かつてはこの運河を使ってヘルシンキや他の地区から物資を運んできたので、ポルヴォーの昔の姿と当時の営みを知るには、船上から水面越しに見るのが最高の方法である。船上から眺めると、倉庫の大きさも納得できる。今では車の走る道路側が街の表の顔になり、運

▲ ▶キャピュラ：トラムの走る道に面して建つ住宅（左）。住宅の玄関周り（右）

河沿いは裏の顔になってしまったが、水上からの眺めは、当時のポルヴォーの「街の顔」をしっかりと私たちに見せてくれるだろう。

● 90年前の住宅地キャピュラ

ヘルシンキから北へ4キロほど郊外に行った、キャピュラという町を訪ねてみよう。ヘルシンキの中心部から1番のトラム（路面電車）に乗って終点のキャピュラまで約20分。並木沿いにカラフルな木造2階建ての建物が見えてくる。キャピュラは観光地ではないので、博物館や土産物屋などは一切ないが、フィンランド人の住環境に対するとらえ方があちらこちらに見受けられる。そもそもキャピュラは、第一次世界大戦末期の1919年に、国の政策として計画的に建てられた住宅地なのである。

当時、ヘルシンキの中心部には、現在ロシア領となっている東側のカレリア地方からの人々や、ヘルシンキの市街地で戦災を受けて家を失った人々が急増し、当時市の人口20万人に対し

て、1万人が住宅不足に悩まされるという緊急事態であった。その問題を解決するために、国は早急に廉価で供給できる住宅建設を行ったのである。ヘルシンキから5キロも離れた地区に、徒歩で行き来するのは厳しかったので、住宅地の建設と並行してトラムの工事も行われた。したがって現在10番まであるトラムの1番がこのキャピュラ行きなのである。

建物の配置は、庭を取り囲む形になっていて、19世紀にイギリスで流行した、ガーデンシティーの形態を導入している。当時は、この建物1棟に数家族（通常は4家族）が住むという形式であったが、その後、内部の改修が行われ、現在では1棟に2家族もしくは1家族が住んでいる。また、この戦時中の混乱期に必要に迫られてローコストで建設した住宅地も、優れたデザインと月日を費やした建物の味わいに魅せられて、現在では、芸術家やインテリ層がこぞって住む地区になっている。

木造の建物は、アースカラーの塗装

◀▲キャピュラ：樹木と調和しているアースカラーの外観と中庭（左）。通りから見た住宅（上）

がなされ、これが周りの木々とうまく調和していて、決して華美ではないのだが、非常に楽しくかわいらしい風景をつくり上げている。さらに、共同の空間として設計されている中庭にも足を踏み入れてみよう。そこには街路側からの眺めとは異なる、アイディアあふれるデザインを見ることができる。例えば一軒一軒の玄関周りや、窓の周りの装飾などにも注目してみよう。シンプルな中にも各々違った装飾が窓周りなどに施されている。そんな切り口で一つ一つの住居を見るのも一興である。決して立派な建物に住んでいるわけではないが、古い器に自分たちの生活をうまくなじませているのだ。堅実ながら豊かな生活スタイルを読みとることができるだろう。本当の豊かさとは何なのかを考えさせられる街である。

●時代の移り変わりを刻み込むタリン

より深くフィンランドを知るためにエストニアの首都、**タリン**へ足を向けてみよう。ヘルシンキ港からフェリーで約3時間。タリンは11世紀頃、すでに木造の砦が築かれていたといわれる。けれども13世紀初めに、デンマーク国王が軍を率いてエストニア人の砦を奪い、城を築いた。タリンの名はエストニア語の「デンマーク人の市」に由来する。2.5キロあった城壁のうち1.8キロが現在も残っており、この旧城壁に囲まれた部分が旧市街地である。

港から旧城壁の門をくぐると、そこはヘルシンキでもお目にかかることができる、新古典主義様式のパステルカラーの建物を見ることができる。バルト海を間に挟みながらも、フィンランドとの繋がりを感じることができる。さらに足のおもむくままに旧市街の中心部へ進むと、そこには14世紀に建

てられた教会、15世紀に建てられたひときわ高い塔が目をひく旧市庁舎、ギルトハウスや商家など中世のゴシック建築が多く残っていて、このあたりはフィンランドよりも、よりヨーロッパの薫りが感じられることに気づくだろう。

　けれども、旧市街地から一歩外にでると、そこにはこの国が歩んできた歴史を強く感じることになる。ロシアの権力主義的な建物、そして無味乾燥な社会主義国的なビル群。そこには旧ソ連という歴史を改めて感じさせる景観が広がる。

　世界遺産にも登録された旧市街地とその周辺に広がる地域を散策すると、地区ごとに異なる街の顔が見えてくる。それこそがエストニアという国が経てきた歴史であり、それはフィンランドと根底の部分で深く結びついていることを感じるはずである。

▲タリン：旧市街のロシア正教寺院（上）。旧市街地の外にあるスターリン時代を彷彿させるビル（下）

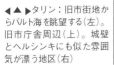

◀▲▶タリン：旧市街地からバルト海を眺望する（左）。旧市庁舎周辺（上）。城壁とヘルシンキにも似た雰囲気が漂う地区（右）

ヴォクセンニスカの教会

テーマのある旅 ⑫

アルヴァー・アールトの建築をたどる旅

松本 淳 （建築家・日建設計）

フィンランドが生んだ20世紀を代表する建築家の一人、アルヴァー・アールトの残した建築はほとんどが取り壊されることなく、人々に愛され、使われ、今なお昔と変わらぬ美しい輝きを放っている。現存しているものだけでも自国フィンランドに160件、ドイツに6件、アメリカに3件、スウェーデン、イタリアに各2件、フランス、デンマーク、スイス、アイスランド、ロシア、エストニアに各1件ある。それらは規模や用途も様々だが、近代から現代への時代の転換期にふさわしく、新しい試みを取り入れながら多様なデザイン手法で具現化されたものである。年代とともに変化してきたアールトの建築を、大きく5つに分けてみた。ここでは5つの時代に代表される建築を訪ねることで、アールトの多面的な考え方やデザインの魅力を発見する旅をしてみよう。

●**北欧古典主義の時代**

まずは、アールトの故郷、フィンランド中部の町ユヴァスキュラに、大学を卒業したてのアールトが、1925年に手掛けた**労働者会館**があるので訪ねてみよう。通りに面したファサードを眺めると、1階壁面にみられるドリス式オーダーと2階のパラディアン窓との中心軸をずらすことで、古典様式を使いながら独特のリズムを生み出していることがわかるはずだ。1階が通りに向けて開放的なレストラン・カフェであるのに対し、2階は閉鎖的な劇場というように上下階が対比的な構成になっている。1階の円筒形をしたエントランスホールを抜けて、格調の高い階段を上がると、目の前に美しい模様の描かれた円筒形の壁面が現れる。この壁の内側が劇場になっていて、円筒形の壁と動線空間をうまく絡めながらデザインしていることがわかる。また劇場内部の星型の照明器具や椅子なども一風変わったデザインであり、アールトの初期のデザインモチーフを見ることができる貴重な建物である。

装飾的な伝統様式に新しいデザインを取り入れた「北欧古典主義の時代」には、ほかに**ユヴァスキュラやセイナヨキの自警団本部、ムーラメの教会**などがある。

●**機能主義の時代**

現在ロシア領になっているヴィープリには、1935年に竣工した**ヴィープリ図書館**がある。ビザを取得してヘルシンキ駅からロシア行の国際列車に乗らな

▼労働者会館：北側外観（左）、東側外観（右）

くてはならないが、一見の価値はある。ヴィープリ駅から南へ5街区分入った中央公園の敷地に図書館は建っている。設計競技に当選したのち、4回もの設計変更を行った曰く付きの建物だ。7年という長い年月を経たため、当初の北欧古典主義様式の建物が、最終的には機能主義を組み込んだ建築として完成する。

　白壁に陸屋根の大小2つの細長い直方体が少しずれて繋がっているが、大きい直方体には閲覧室と読書室が、小さい直方体には講義室と事務室、地下には書庫がある。大きなガラス窓のある明るい玄関ホールを抜け、階段を上がっていくと天井が次第に低くなり、狭く閉鎖的な空間となるが、その直後に現れるのは光で満たされた天井の高い開放的な閲覧室である。このような動線の工夫は圧巻であり、シンプルな構成の外観と、床のレベル差を巧みに用いて複雑に空間を入り組ませた内部空間とのギャップは、楽しくなってくるにちがいない。また閲覧室・読書室の天井面にある円形のトップライトの深さや角度は、太陽高度に基づいて計算され、貴重な書籍に直射日光をあてないよう、また閲覧者の手元に陰ができないように工夫されている。

　1階の細長い講義室では話し手の声が均等に聞き手に伝わるように、天井面を波状にするなど、使用者の機能的な要求に十分応えた設計を行っている。建物はかなり老朽化してきたが、現在少しずつ改修が進められている。

　シンプルな形態と機能性を重視した「機能主義の時代」には、ほかにトゥルクの**トゥルン・サノマット新聞社ビル**、

▲ユヴァスキュラの自警団本部

▲ヴィープリ図書館

▼ヴィープリ図書館：1階講義室（左）、閲覧室（右）

パイミオのサナトリウムなどがある。

●形態模索の時代

フィンランド中西部の港町ポリから北東へバスに揺られること約20分。ノールマルックという小さな町に到着する。フィンランドらしい白樺と松の林で覆われた何の変哲もない町だが、ここにアールトが設計した住宅の最高傑作といわれる1939年に竣工したマイレア邸が息を潜めるように建っている。国道から分岐した小道を進んでいくと小高い丘の上に、白い外壁に陸屋根の建物が少しずつ見えてくる。外壁に対して斜めに飛び出した4つの赤茶色の木枠の窓、玄関前の曲線を描いた庇、手前に突き出たバルコニーなどが特に印象的である。家の中に入ると正面には、目線の高さに緩い曲面を描く壁があり、その壁に沿って暖炉のあるリビングへと導かれる。暖炉の横には大きな引き違いのガラス窓があり、庭の向こうには、自由な曲線を描くプールと屋根に草の生い茂った何とも愛嬌のある小さなサウナが見える。

▲パイミオのサナトリウム：入口（左）、病室（右）

リビング脇にある階段は、細い木を組み合わせた非常に繊細なデザインで、室内に数本立っている鉄骨の丸柱とともに、まるで林の中にいるような印象を与える。鉄骨の丸柱には、直に手が触れないように木皮を巻き付けるなど、随所に住み手の使い勝手への配慮がうかがえる。床の素材とその貼り方も非常に面白い。床に木製の小幅板、大小の赤茶色をした磁器質タイル、そして石材を貼り分けながら各室の仕切りを曖昧にして、リビングを中心とした多目的な大空間をつくろうとしたアールトの意図を読み取ることができる。

アールトは日本建築に非常に興味を持っていたといわれるが、それを裏付けるかのように、食堂とリビングの境には襖のような可動間仕切りがあったり、ウインターガーデンの壁には畳表

を思わせる素材が使われていたり、障子の桟をモチーフにしたと思われる建具がはめ込まれていたりと、見ていて非常に親近感を覚えるデザインである。L字形平面のもう一端には食堂や台所がコンパクトにまとめられ、2階には主寝室、子供室、客室、スタジオがある。また中庭から見ると白い外壁の一部に青色の磁器質タイルが貼られるなど、素材と色彩の組み合わせ方に、アールトならではの感性を感じる。

独自のデザインを模索し、素材の組合せ方がユニークな「形態模索の時代」には、ほかに**ヘルシンキのアールト自邸**、**サヴォイ・レストラン**などがある。

●赤の時代

ユヴァスキュラからバスに乗ると15分ほどで、1952年に竣工した**セイナッツァロの村役場**に到着する。外壁に使用された赤茶色のレンガとバタフライ形をした会議場の屋根が特に印象的な建物だ。一段高くなった中庭へと続く階段に自然に吸い込まれそうになるが、まずは建物の周りをゆっくりと一周してみよう。どの角度から眺めてみて

▲▶マイレア邸：庭からの外観(上)、食堂から居間を見る(左)、襖のような間仕切り(右)

も、実に美しいプロポーションと気品に溢れた佇まいである。新緑の時期でも深雪の時期でも周りの環境にしっくり溶け込み、村役場の威圧感は一切感じさせない。中庭に入ろう。中庭に上がる方法は2つある。一つは東側から会議場を右手に見ながら幅広の階段を上がる方法と、もう一つは西側から会議場を正面に見ながら緩やかな坂を上がる方法である。特に後者がおすすめで、アールトがイメージしたといわれている、イタリアの山岳都市の景観を眺めているようだ。

中庭を取り囲むこのような建物の構成は、フィンランドの最も典型的な農家や、地中海の伝統的な民家にもみられるが、中庭部分が1階分高くなっているため、まったく別の印象を与えるから不思議である。建物の中に入ると中庭に面して廊下が回廊のように続いている。玄関ホール右手の回廊に続く階段を上がると、決して広くはないが天井の高い会議場がある。レンガという素材が持つ重みと、その目地が持つ方向性を巧みに利用しながら、対比的

▼アールト大学（旧ヘルシンキ工科大学）：本館大講義室

に天井には扇形をした木造の美しい華奢な架構があり、またハイサイドライト（高窓）から注がれる柔らかな光によって、内部空間を微妙なバランスに保つことに成功している。また中庭に面した別棟の2階には図書館、1階には銀行、薬局、床屋などが入り、建物全体が町の中心的役割を果たすように設計されていた。自由な曲面とレンガの外壁に象徴される「赤の時代」には、ほかに、ムーラッツァロの**アールト夏の家・コエタロ**、ヘルシンキの**国民年金局**、**文化の家**、**アールト大学**などがある。

●白の時代

フィンランド東部の町イマトラから5キロ程離れたところにある、1958年に

▲▶セイナッツァロの村役場：外観（左）、会議場への階段（右）

竣工した**ヴォクセンニスカの教会**を訪ねてみよう。白壁と黒色の銅板屋根の教会が、林の中に埋もれるように立っている。3つの鐘がついた塔、祭壇に置かれた3つの十字架、防音可動壁によって3つに仕切れる礼拝堂など、「3」をテーマに設計されている。大きな3つの曲面を組み合わせて構成された内部空間は、話し手の声が天井面や壁面で反射しながら、聞き手に均質に伝わることを意図したもの。自由な曲面の組み合わせでデザインされた白一色の内部空間には、ハイサイドライトから注ぎ込む、刻々と変化する北欧の柔らかな光によって、多様な表情が生み出されている。時間を忘れてつい

長居してしまう、そんな豊かな空間である。アールトは「機能主義の時代」以降、忘れていた白色の外壁を再び使い始めるようになる。内部空間をほぼイメージ通り設計できるようになったアールトが、空間そのもののよさを体感できるように、より純粋無垢な空間をめざしたということなのだろう。

　白色のタイルや大理石、スタッコ（漆喰の一種）を内外壁に使用した「白の時代」には、ほかに**セイナヨキの教会**、**ロヴァニエミの図書館**、ヘルシンキの**フィンランディア・ホール**などがある。

　矛盾しているように思うかもしれないが、アールトの建築作品を明確に5つの様式や時代に分け、それを巡ることがこの旅の目的ではない。むしろ、時代や歴史的な背景を十分に考慮した上でフィンランドの風土を最大限に活かし、住み手や使い手への配慮を忘れない、アールトの建築家としての柔軟

▲ヴォクセンニスカの教会：外観（上）、内観、祭壇方向を見る（下）

性・バランス感覚を知っていただくことが主たる目的であった。建築史家ジークフリート・ギーディオンとの対話の中でアールトが「建築、その真の姿は、その中に身を置いた時に初めて理解されるものである」と述べているように、ぜひフィンランドを訪れて各地に点在しているアールトの建築作品を訪れ、その空間に身を置いていただきたい。必ずやアールト建築の虜となるはずである。

▼ロヴァニエミの図書館：掘り込まれた閲覧室

ℹ️ アールトの情報は、ヘルシンキであればフィンランド建築博物館またはアールト財団で得られる。またユヴァスキュラ市内にはアルヴァー・アールト・ミュージアムがある。ヴィープリ図書館は、開館している間はいつでも見学可。労働者会館やセイナッツァロの村役場、マイレア邸の内部見学は事前予約が必要だ。セイナッツァロの村役場近くにはアールト夏の家・コエタロもあるので、併せて見学予約をするのもお薦め。ヴォクセンニスカの教会も内部見学が可能だが、季節により時間が異なるので事前に確認を。

アルヴァー・アールト
Alvar Aalto 1898〜1976

フィンランドを中心に活躍した20世紀を代表する建築家の一人。自由曲面など有機的な形態を用いた建物を多く設計し、孤高ともいえる地位を築いたが、決して時代の流れに逆らっていたわけではない。当初はアスプルンドなどのスウェーデンの建築家や日本の木造建築に傾倒したが、終生イタリアなどの地中海地方の建築に憧れを抱き続け、また近代建築国際会議（CIAM）に参加したり、アメリカのMITで講義するなど、世界の建築界の流行を肌で感じながら独自の形態を模索した。デザインの対象は建物だけでなく、椅子・ガラス器・照明器具・墓石にまで及ぶ。

▲セイナヨキの教会：内観、祭壇方向を見る

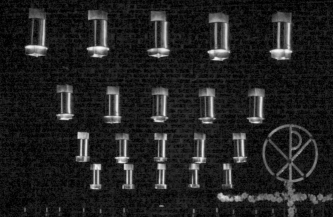

聖ペトリ教会内観

テーマのある旅 ⓭
レヴェレンツを読みなおす

藤井亮介（建築家）

「北欧の建築家」と言われて真っ先に思い浮かべるのは誰だろうか。スウェーデンならアスプルンド、フィンランドならアールト、デンマークならヤコブセン、現代建築であればスノヘッタ、BIGといったところであろうか。北欧に旅行したことがあり、かつ建築に興味のある方であれば、彼らの建築物を体験した人も多いのではないだろうか。

さて、ではレヴェレンツはどうか？シーグルド・レヴェレンツは、ストックホルムの森の火葬場の設計者としてグンナール・アスプルンドとともに名前の挙げられる建築家である。彼は先に挙げた建築家ほど一般的な知名度はないかもしれないが、玄人好みの建築家として常に静かな熱量を持ち続けている。

筆者自身も15年ほど前に初めてレヴェレンツの一連の建築を体験して以来、常に謎めいた存在として彼の建築に魅了され続けている。近年、日本でもさまざまな書籍でレヴェレンツが取り上げられたおかげで改めて図面や写真を読み直すことができたが、より深く知れたというよりは、さらに謎が深まったような不思議な感覚を覚える。この謎は、レヴェレンツを現代において読みなおすことの重要性を示唆している。もちろん、どの建築家のどの作品であっても読みなおす意義は十分にあるのだが、レヴェレンツに常につきまとう謎を分解していくと、レヴェレンツの現代性ともいえそうな部分にたどり着く。先に結論をいってしまうが、その謎を一言でいうなら「予測不能性」である。今回はその予測不能性をテーマに、レヴェレンツの建築を巡ってみたい。

2010年代頃からビジネス業界では予測不能な現代を象徴するキーワードの一つとしてVUCAという単語が用いられ始めた。Volatility（変動性）、Uncertainty（不確実性）、Complexity（複雑性）、Ambiguity（曖昧性）という4つの単語の頭文字をとった言葉で、目まぐるしく変わる予測不能な時代を読み解くための指標とされている。今回はこの4つのキーワードから、現代においてレヴェレンツを読みなおす意義を考えてみたい。

●**Volatility（変動性）—ストックホルム博覧会とフラワーキオスク**

変動性というキーワードからレヴェレンツを読み解くには、まずはインタ

▲フラワーキオスク外観。深い軒が窓を覆う

▲たくさんの光を採り込むフラワーキオスクの大きなハイサイドライト

ーナショナルスタイルとの関係性から始める必要がある。建築におけるインターナショナルスタイルは、合理性や機能性を抽象的なかたちとして具現化し、変化する社会や求められる機能に対する変動性を内包することで、地域を超えて伝播するはずであった。北欧にその波が来たのは、近代建築史で特に重要な役割を果たしたストックホルム博覧会(1930)がきっかけだった。アスプルンドが中心となり、北欧における近代建築運動の大きな原動力になったことはよく知られているが、レヴェレンツはここで、片流れ屋根のパヴィリオンを実現させた。近代建築運動で重要視されていたかたちの抽象性を象徴する存在としてフラットな陸屋根が全盛だったにも関わらず、レヴェレンツが勾配屋根を採用した背景には、北欧におけるインターナショナルスタイル受容の特殊さが表れているようにも見える。

　完成した作品だけを見ると、レヴェレンツ作品は形態の特殊性が目立ち、博覧会の影響は少ないように思える。だが実は、構想段階では単純化・抽象化への葛藤が見られる。ヴィラ・エドストランドの住宅の初期スケッチは単純な箱の集積であるし、マルメ東部墓地のマスタープランでも、初期には単純幾何学が用いられている。これらの初期構想は設計が進むうちにどんどん複雑な形態へと変化していくのだが、そこには少なくとも単純化・抽象化への葛藤が奇妙なかたちで残っているのだ。

　フラワーキオスク(1969)はレヴェレンツの晩年の作品で、ストックホルム博覧会のパヴィリオン建築が原型になったといわれている。マルメ墓地に隣接する花屋として建てられた勾配屋根の建築は、かたちこそ30年前のパヴィリオンを踏襲しているが、窓の配置は周囲の環境や機能に合わせて丁寧に改変されている。勾配屋根の上部に位置する高窓からは明るい光が降り注ぎ、アイレベルの窓は深い軒によって周囲の視線が気にならない。このように窓とそこでの行為のセットが、かたちの特殊性と結びついているのだ。レヴェレンツは、行為の普遍性を獲得するためにかたちの特殊性

を追求しつつも、かたちの抽象性を同居させることで機能の変動性を内包させている。彼は、最大公約数としてのインターナショナルスタイルを受け入れつつも、特殊解を用意することで多少の変動があっても揺らぐことのない普遍性を求め、時代や社会の変動性を飲み込んでいったのではないだろうか。

●Uncertainty（不確実性）
― 社会保険庁の構成

レヴェレンツほど説明の難しい建築家はいない。とはいえ、非合理的・非機能的というわけではない。彼の建築には、謎めいた予測不能さが確かな魅力として存在する。

その特徴を最もよく表しているのが**社会保険庁**（1932）である。四角い窓が規則的に並ぶ道路側のファサードに対して、オーバル形状の中庭に大量の窓が並ぶという対比的な構成をしているのが特徴だが、特筆すべきはその平面計画であろう。四角い外形と円弧上の中庭との間に生まれた不定形な空間には、螺旋階段やコア的な要素が分散して収められている。それらによって生まれた余剰空間は、オフィス空間の最適化と非最適化の狭間にあり、偶然性に満ちた空間ともいえる。また、中庭に面する空間がすべて動線空間というわけではなく、一部に執務空間が接していることも重要で、大量に反復された開口部のなかに差異をつくることで、予測不能で多義的な表情をつくり出している。

外周部のＸＹグリッドと内周部の円弧の幾何学に対して、窓自体が斜線の組み合わせで曲線を近似させているのも重要な点だろう。室内の円形の螺旋階段の建具も同様に多角形で構成されている。さらにサッシの細かい形状を見てみると、方立（垂直部材）は円形断面、無目（水平部材）や上下枠は長方形断面であることが分かる。これは斜線をつくるための合理的な操作だが、結果として複雑な表情をつくることにも成功している。斜線を用いることでグリッドと円を極端に対比的には見せず、空間自体に両義的な意味が加わるのである。この両義性が、ものごとの意味を宙吊りにし、何が起こるかわからないという不確実性へと繋がっていく。そしてこの不確

◀社会保険庁内観
▼社会保険庁外観

実性は、不安ではなく期待に変わっていくのだ。

　ちなみにレヴェレンツは、「イデスタ」という会社を設立し、金物の製造も行っていたことが知られている。ほかの建築作品でも、ぜひ建具のディテールに着目してみてほしい。

● Complexity（複雑性）
── 聖ペトリ教会の窓と柱

レヴェレンツの建物を一言で表すのは非常に難しい。端的に「複雑」といってしまえなくもないのだが、前述した通り、実はそこには単純性や抽象性を追求したうえでたどり着いた複雑性が潜んでいる。

　例えば、誰しもが一度見たら忘れることのできないフレームレス＋爪固定の窓。この形状の窓は**聖ペトリ教会**(1966)やフラワーキオスクに使われており、晩年にレヴェレンツが好んで使ったことも知られている。この窓は室内側から見ると穴にしか見えないほどの抽象性を持つが、外側から見ると壁面からわずかに隆起した窓面のふくらみと、爪の形状が目立ち、抽象的とは言い難い。この過剰なまでの抽象性の探求と、それと相反するような形態の特殊性が同居しているのは、いかにもレヴェレンツらしい特徴ともいえる。

　もう１つ、聖ペトリ教会の中央に立つ柱を見てみよう。これは少し視点を引いてみると、ヴォールト屋根を支える梁と柱が斗供（組物）のような複雑な形状をしているのだが、これも近視

▲聖ペトリ教会内観（上）。室内側の窓（左）は一見ただの穴だが、屋外側（右）から見ると、フレームレスの窓ガラスが爪固定されているのがわかる

眼的な単純性・抽象性と、俯瞰的な複雑性が同居しているとも言えるだろう。

　単純性・抽象性の追求は、モダニズム受容の過程のなかでレヴェレンツの思考をかたちづくっており、それは初期スケッチなどにも見られる。しかし、その単純性・抽象性は最終的には異形な形態へと姿を変えているのがレヴェレンツの建物を単純に「複雑」と言って片付けてしまうことのできない難しさなのである。

● Ambiguity（曖昧性）
── 聖マルクス教会のレンガ

レヴェレンツの建築のなかでも、**聖マルクス教会**(1960)のレンガの表情は特に印象深い。レンガの目地が溶け出して、レンガが主なのか目地が主なのか分からないような不思議な表情をしている。彼は、さまざまな要素を対比的に扱わず、その狭間の表現を追

▲聖マルクス教会内観

▲聖マルクス教会
外観。レンガの目
地（左）に注目

求してきた。レンガの目地にはそれが最も端的に表れており、素材の主従関係を表す境界を溶かすことで豊かな表情を生み出している。

　彼のレンガへのこだわりには特別なものがあり、聖マルクス教会や聖ペトリ教会で用いられた床、壁、造作家具のレンガの表情のバリエーションは豊富すぎるほどである。グリッドを崩す斜めの配置から始まり、それが3次元的な造形となった家具、天井に使われた有機的な造形など、1つの建築のなかでXYグリッド、曲線、斜線が混在して使われていることがわかる。これはもちろん、レンガの配列のみならず、平面や立面における建築の形態にもいえる。レヴェレンツが規格サイズの配列ともいえるレンガにこだわったのは、その目地の曖昧さに魅力を感じたからではないだろうか。直線と曲線、装飾と構造、素材の主従といった対比的な存在を曖昧につなぐものとして、レンガそのものではなく、レンガの目地に着目してみるのもまた一興である。

●新たに生まれるレヴェレンツの謎

さて、ここまでで現代の4つのキーワードをもとにレヴェレンツを読み解いてきた。さらにレヴェレンツの建築を実際に体験すれば、理解することはできるだろうか？　おそらく、レヴェレンツを知り、体験したところで、さらに謎は深まってしまうはずだ。でも、それこそがレヴェレンツを知る旅の醍醐味なのだと思う。ぜひとも、新たな謎を探しに北欧の地に足を運んでほしい。そこには予測不能な出会いが待っているはずである。

シーグルド・レヴェレンツ
Sigurd Lewerentz（1885〜1975）
グンナール・アスプルンドとともにスウェーデンの近代建築の礎を築いた建築家。アスプルンドとは森の火葬場で共同設計を行ったほか、ストックホルム博覧会（1930）においてはパヴィリオンの設計などで北欧の近代建築史における重要な役割を果たした。生涯を通じて作品数が少ないことに加え、自らの建築を語ることも極端に少なかったため、書籍や文献は少ないが、時代や国を超えて愛される一連の作品群を通して、現代においても静かながら影響を及ぼし続けている。建築、家具の設計以外にも、金物の製造会社イデスタの設立、タイポグラフィーデザインなど、手掛けた分野も幅広い。

上・SASホテル：エッグチェアとスワンチェアのあるロビー
下・紙の照明器具で知られるル・クリントのショールーム

テーマのある旅 ⑭
北欧デザインの魅力を探る旅

島崎 信

ヨーロッパの北、スカンジナビア。民族も気候風土も歴史も多少異なるが、デンマーク、フィンランド、スウェーデン、ノルウェーをまとめて北欧と呼んでいる。ときにはアイスランドまで含めることもある。北欧文化が世界の中で輝いたことが、これまでに2度ある。ヨーロッパの王族の礎をつくったヴァイキング時代と、北欧デザインが世界のデザインをリードした第二次世界大戦後の約20年間である。後者の時期、長い戦争を経てヨーロッパは疲弊していた。人々の関心は戦場から家庭に移り、武器に背を向け、木材を主としたハンドクラフト的な温かみを求めて、北欧デザインに魅せられたのである。日本でも再びプロダクト・デザインや家具、環境問題などで北欧への関心が高まっているが、バブル経済の崩壊後、ちょうど第二次世界大戦後と同じ心境に追い込まれた人々が、派手な流行ではなく、地に足をつけて暮らしていくために必要なモノは何かに気づきはじめているからなのだろう。地球規模での深刻な環境問題は、人々に自然と共生する方法の模索を余儀なくしているが、北欧の暮らしの知恵はその道標となるにちがいない。

北欧では1年の半分は暗く厳寒の気候が続く。厳しい自然に完全に人間が打ち勝つことはむずかしい。自然の力の偉大さを肌で知る人々の、自然と上手につきあいたいという想いが北欧デザインの原点になっているのだ。1年を2つに区切って、冬は家の中で人々と談話し、夏は開放的に屋外で暮らす。冬の部屋を楽しくしようという強い気持ちが、質の高い手仕事やインテリアデザインを生み、物質的な豊かさに恵まれなかった歴史的背景が、簡素な暮らしの中に豊かさを生み出す知恵を身につけさせた。北欧では建築家がプロダクトデザインから家具、照明器具にい

▲コペンハーゲン中央駅のホール

▼コペンハーゲン市庁舎

たるまで職人と協同で手がけることが多く、手仕事の跡を感じさせる建築に出会うことができるのも特色の一つだ。

それでは北欧デザインの魅力に触れるために、建築、照明器具、家具、食器など、優れたデザインが集まっている町、デンマークの首都コペンハーゲンを訪れてみよう。

● コペンハーゲン中心部の建築

コペンハーゲンは北欧の玄関口である。空路でも、鉄道やバスでも旅人が

最初に訪れる拠点となるのが、ハインリッヒ・ヴェンク設計の**コペンハーゲン中央駅**（1911）である。ホールを見てほしい。木製の梁で組まれた架構は、100年以上の歳月をへても、なお力強く美しい。事務機能は隣に建設された別棟に移しているが、駅舎は今なお北欧を訪れる旅人に特別の想いを抱かせるに十分な感動を与えてくれる。

中央駅の向かいに、アルネ・ヤコブセンの設計した**SASロイヤル・ホテル**（1960）がある。今でも世界中で親しまれているエッグチェア（1958）やスワンチェア（1958）は、ここで生まれた。ヤコブセンはプロダクト・デザインから家具、照明器具にいたるまで手掛けるデンマークを代表する建築家の一人である。完成当初のホテルの雰囲気は今では味わえないが、オリジナルの客室が1室保存されていて、宿泊することもできる。ロビーにあるエッグチェアに座ってテーブルを囲むと、椅子の大きな背が衝立となり、周囲の雑踏を遮断して、テーブルの周り

▲14世紀の建物の中にあるロイヤルコペンハーゲンのショールーム

▼運河沿いのルイス・ポールセンのショールーム

▼工芸美術博物館の家具の展示

▼パウスチャン家具店内部

に心地よい空間を生み出してくれる。客室とカフェには背の低いスワンチェアがデザインされた。最上階のメイン・ダイニングは眺めがよく、当時のデザインはほとんど残っていないが、ヤコブセンのデザインしたナイフとフォークとスプーンで食事が楽しめる。このホテルのためのデザインではないが、新しいカフェにはセブンチェア、ポール・ヘニングセンの松かさの照明器具などもあり、50年代、60年代のデザイン界に衝撃を与えたデンマーク・デザインを、このホテルでまとめて体験できる。

ホテルから東に歩くとマルティン・ニーロップ設計の**コペンハーゲン市庁舎**（1905）が見えてくる。建物正面の上部には、商人の港コペンハーゲンを最初につくったアブサロン大僧正の黄金の立像が目に入る。コペンハーゲンでいちばん高い塔の頂上からは1400年来の歴史をもつ「塔の都」が見渡せる。天窓から光が降り注ぐ1階の大きなホールの周りには、ニールス・ボア（物理学者）、キルケゴール（哲学者）、アンデルセン（作家）など、デンマークの偉人の胸像が並ぶ。木製の階段や手摺りなどに当時の国民主義的なデザ

インの傾向がうかがえる。吹抜けに吊り下がるニーロップのデザインしたペンダント・ライトも当時のモダンな雰囲気を残している。

市庁舎はじめ、街の中心を占める1400年代の建築は、当時の西ヨーロッパの様式を踏襲しながら、独自の色を出そうと試みた結果でもある。伝統的な聖人などの装飾の代わりに、身近な動物であるアザラシや労働者の姿をデフォルメしたレリーフにするなど、建築と装飾の関係に、新古典主義の様式を見ることができる。

●ショールームや家具工場を巡る

次に、ブランドショップなどでにぎわうストロイエ通りを歩いてみよう。この地区の17〜19世紀に建てられた建物の外観はほとんど保存されていて、内部を改修したショップが並ぶ。噴水

▲フリッツ・ハンセン社家具工場：外観(上)、縫製作業(下)

のある広場に面して、**ロイヤルコペンハーゲンのショールーム**（陶器）がある。かつては独立した建物だったが、現在は内部の壁が抜かれて、隣の**ジョージ・イェンセンのショールーム**（銀器）、**イルムス・ボーリフスのショップ**（日用雑貨・家具・照明器具）とつながっている。それぞれデンマークを代表するブランドであるが、歴史的な作品の展示があったり、ときにはB級品を安売りしていることもある。イルムス・ボーリフスの入口から入ると吹抜けになっていて、エスカレーターを上がりながら両側のフロアのディスプレイが眺められる。

　一筋南のかつての骨董通りには、紙を折った照明器具で知られる**ル・クリントのショールーム**がある。コーレ・クリントの父で建築家のイェンセン・クリントが、紙を折ったランプシェードを友人にプレゼントしたのが始まり

▲ PPモブラー社家具工場：外観(上)、ショールーム(下)

▼グルントヴィ教会：外観（左）、チャーチ・チェアが並ぶ内部（右）

だ。今はプラスティックを折ったデザインで、いろいろなバリエーションが世界中で販売されている。

世界的に有名な照明器具のNo.1ともいわれる、ポール・ヘニングセンのPH5のランプはデザインされてから60年を超えるロングセラーである。ほか、アルネ・ヤコブセンのAJランプ、ハンス・ウェグナーのペンダントや街路燈など優れた照明器具デザインを発信しているのが、**ルイス・ポールセン社**だ。以前は観光客でにぎわう、ニューハウンに本社とショールームがあったが、クリスチャンボー宮殿とトーヴァルセン美術館の運河をへだてた向かい側のガメルストランドの角に、本社とともに大きなショールームを開設している。ちなみにこのあたりは旧い魚市場跡でスカーフを付けた当時の魚の売子の石彫の像も運河沿いにある。

ブレデガーデ通り沿いの**工芸美術博物館**では、世界の家具やデンマークのモダン家具のコレクションを常設展示しているので、ぜひ訪ねてほしい。建物は1500年頃の病院建築を1930年代に改修したもので、コーレ・クリントがインテリアを手がけている。

少し北に足を伸ばせば、ヨーン・ウッツォンの設計した**パウスチャン家具店**（1987）もある。樹木の形態をモチーフにした現代的な建築デザインと1945〜60年代にデザインされた家具が違和感なく融合されている。事務所とショップには、傾斜したガラス屋根から光が降り注ぐ、心地いい空間だ。

こうしたショールームを飾る家具の製作現場を訪ねてみると、より深く北欧のモノづくりの神髄に触れることができるはずだ。対照的な2つの家具工場を訪ねてみよう（予約すれば見学可能）。どちらもコペンハーゲンから北の郊外にあるが、一つはアルネ・ヤコブセンの家具を多く手掛けている**フリッツ・ハンセン社**。成型合板のアリンコチェアやセブンチェアを製作する工場では、要所要所に人がいるだけで、大部分はロボットを使って製作している。量産というと品質が劣ると思われ

▼ベルヴュー地区：ヤコブセンの事務所がある集合住宅（左）、劇場（右）

がちだが、機械化することで製品の精度を高めながら、仕上げは人の手で行っている。もう一つは、オーク、アッシュなどを使った木製の手づくり家具が持ち味のPPモブラー社の家具工場。ここでは中世からのスネーカー（マイスター）制度の伝統を踏襲した職人的な家具づくりが見られる。

●コペンハーゲン郊外の建築

郊外に足を伸ばして、イェンセン・クリントがデザインしたグルントヴィ教会（1927）を訪ねてみよう。建物正面はデンマークの伝統的なデザイン形態を踏襲しながら、シンプルなデザインで新しさを表現している。外観同様デンマーク産の白いレンガ壁を使った無彩色の室内は単純なヴォールト天井で覆われ、素朴で自然のリズムを感じさせながら、荘厳な雰囲気をつくりだ

している。家具を担当した息子コーレ・クリントがデザインしたチャーチ・チェアは今でも市販されている。柳製の背、わらで編んだ座の椅子は、地中海周辺で昔から使われていた背が梯子状にデザインされたラダーバックチェアに通じるところがある。

コペンハーゲンの北の海辺には、新興住宅地の先駆けとして1930年代に、アルネ・ヤコブセンが手がけたベルヴュー住宅地区がある。第二次世界大戦後しばらくは荒廃していたが、最近修復され良好な住宅地に生まれ変わった。地区内にある劇場のデザインにはスウェーデンの建築家、アスプルンドの影響がうかがえる。近くには、ヤコブセンがデザインした、柱1本でコンクリート屋根を支える独特な形態のガソリンスタンド（1930）もある。

▲ルイジアナ美術館：敷地と一体化した建物（左）、庭の自然と融け合う回廊

▼ストックホルム市庁舎：外観（左）、黄金の間（右）

　コペンハーゲンに行ったらぜひ訪ねたいのが、ヴィルヘルム・ボーラートとヨーゲン・ボーの設計による**ルイジアナ美術館**（1958）だ。マツの集成材を使った架構はどこか日本的で、自然と共生した建物のあり方を教えてくれる。入口を入ると古い本館があり、そこから左回りに新館へとつながっていく。地形に沿って建てられた新館は、周囲の景観を壊さないように一部地下に入り、回遊できる。屋外にはヘンリー・ムーアなどのモダンアートの彫刻作品が展示されていて、回廊を歩きながら展示品だけでなく、ガラス窓を通して目前に迫るオアスン海峡が眺められるようになっている。自然との一体感を強く意識させられる建築だ。

● **優美のスウェーデン、力強いノルウェー、民族意識高きフィンランド**

他の北欧諸国も独自の歴史的背景の中から魅力的なデザインを生み出してきた。ここでは北欧デザインが世界を凌駕した時代の建物を軸に、各国を訪れてみよう。

　ノーベル賞の晩餐会場として名高い、ラグナール・エストベリ設計の**ストックホルム市庁舎**（1923）は、北欧で開花したナショナル・ロマンティシズムの典型といわれている。レンガ壁の優美な姿態は気高く、けれども暖かく旅人を迎えてくれる。のちにフィンランドのアールトやデンマークのヤコブセンに大きな影響を与えたグンナー・アスプルンドの自然景観と一体化

▲森の火葬場：環境と響き合う建物

▼オスロ市庁舎：壁画のある大ホール　　　　　▼ヘルシンキの広場：3人の工人の像

した**森の火葬場**（1940）などを訪れて、スウェーデン・デザインの別の一面を感じとってほしい。

　フィンランドとノルウェーのデザインの魅力は素朴さにつきる。自然がいちばん過酷なノルウェーでは、ヴァイキング舟に由来する骨太な木の架構が伝統的な建築やデザインに生かされてきた。最近は北海油田の経済国として、若手の優秀なデザイナーが活躍する場が増え、伝統的な建物とはまったく異なる洗練された造形美を楽しませてくれる。
　A.アネベルゲ＆M.パウルソの設計

した**オスロ市庁舎**（1950）の大ホールの壁画は、ノルウェー近代の不屈の歴史を力強く表現したものとして一見に値する。またノルウェーの現代建築を代表するスヴェレ・フェーンの、自然景観に対峙する独特の彫刻的な建築も見逃せない。

　強国スウェーデンとロシアに挟まれ常に痛めつけられてきた歴史が、強い民族意識を生んだフィンランド。そうした意識を建築に表現したのが赤茶色の御影石とドーム状の正面が印象的なの**ヘルシンキ中央駅**だ。フィンランド

▲ヴィトレスク：民俗の伝統を感じる外観、家具やインテリアも建築家がデザインしている

223

独立の立役者の一人、ナショナル・ロマンティシズムを代表するエリエル・サーリネンの代表作である。また駅前広場に立つ3人の工人の彫刻は西ヨーロッパのデザインに対抗する民族性の表現といわれている。これと対照的なのが同じサーリネンが仲間と設計したヘルシンキ郊外にある事務所建築ヴィトレスク（1919）だ。今でも当時のまま保存されているので、内部も見学できる。農家風の素朴な外観、アーツ&クラフツの影響、サーリネン夫妻による家具など、事務所でありながら自然と対話しながら仕事をしていた様子がうかがえる。

▲パイミオのサナトリウム：階段室（上）、パイミオチェア（下）

　この国を代表するアルヴァー・アールトの建築や家具もフィンランド国内で数多く見学できる。なかでもパイミオのサナトリウムで使われていた椅子は今でも市販さている。さらにヘイッキ・シレン設計のオタニエミの礼拝堂に代表される自然と室内が視覚的に融合する空間も味わい深い。
　自然を畏れ、自分の身の丈に合った生活の中から生まれたのが北欧デザインだ。その魅力を理解するには、使われている場に身を置くことがいちばんの近道だろう。

▲オタニエミの礼拝堂

デンマークのオードロップゴー美術館で管理されているフィン・ユール自邸のガーデンルーム。手前にジャパンチェアが置かれている

テーマのある旅 ⑮
フィン・ユールを巡る旅

松本 淳 （建築家・日建設計）

デ ンマークの建築家フィン・ユール (1912-89) が設計した建物や内装で現存しているのは、自邸 (1942) や NY 国際連合本部信託統治理事会議場 (1952) などで数は少ない。むしろ世界で最も美しい肘掛けを持つ**イージーチェア No.45** (1945) や、フレデリク国王が展示会で座られたことで命名された**チーフテンチェア** (1949) などをデザインした家具デザイナーとして今日では知られている。

ユールがデザインした家具は、アジアでの人気がとくに高く、そのヴィンテージ家具の多くが実は日本に存在しているともいわれている。ユールが日本の伝統的建築空間に強い関心を抱き、**ジャパンチェア** (1957) と名付けられた椅子や、日本の鳥居を模したとする**テーブル No.535** (1959) のデザインを行っていたことも考えると、ユールの家具コレクターが日本にたくさんいるのも頷ける。

デンマーク編で取り上げたカストラップ国際空港第一ターミナル (1939)

▲イージーチェア No.45※

▲チーフテンチェア※

▲ジャパンチェア※

▲テーブル No.535※

※家具写真提供：株式会社 KAMADA

やラジオハウス（1942）は、デンマークのモダン・デザインの代表作として近年再評価されているが、実はユールが建築家として独立する前に、1934年から1945年まで12年間勤務していたヴィルヘルム・ラウリッツェン事務所で担当していた作品である。設えられた家具や照明器具、インテリアには、彼のデザイン思想、好んだプロポーションやディテールが色濃く反映されている。

▲イージーチェア No.53※

ライセンスが引き継がれた（2021年にライセンス終了）。そのキタニ本社の隣の自然豊かな敷地に、建設当初に近い形で再現されたユール邸が建設されているのである。東京からは名古屋経由で約4時間半の長旅だが、一見の価値はある。ユール生誕100周年の2012年に完成し公開されているので、事前予約のうえ、訪問することをぜひお勧めしたい。

●2つのフィン・ユール邸

コペンハーゲンから北へ約10kmの場所にあるシャルロッテンルンドの森に、彼が29歳のときに設計した自邸がある。1942年に建てられた**フィン・ユール自邸**は、2008年以降はオードロップゴー美術館の一部として運営・管理され、見学可能である。だが実は、日本にもう一つのユール邸があるのをご存じだろうか。

ユールが1953年のデンマーク家具職人ギルド展用にデザインした、動物の角を連想させる肘を持つ**イージーチェア No.53**は、ニールス・ヴォッダー工房が製造していたが、その後、飛騨高山の木工家具製作会社キタニに

ユール邸は切妻屋根の平屋の2棟が、玄関を含む陸屋根のボリュームを挟んで棟線が平行に並んだ非常に明解な構成で、リビングの切妻屋根は4/10勾配、天井は2/10勾配の拝み勾配となっている。玄関の先にある光あふれるガーデンルームの左手には、暖炉のあるリビングがあり、右手のダイニングや主寝室とは中庭を介してL

▲デンマークのフィン・ユール邸外観

▲暖炉のあるリビング（デンマーク FJ邸）

▲増築された主寝室の先に庭の緑が見える（デンマークFJ邸）

▲飛騨高山のフィン・ユール邸の主寝室（写真提供：キタニジャパン）

字型に取り囲んだ構成となっている。なお、ダイニング側は700mmほど床が高くなっており、4段分の階段で緩やかに空間がつながっている。

　デンマークのユール邸は、第二次世界大戦中で資材が不足していたこともあり、細い木材による木造トラスをレンガ積みの外壁に載せた構造をしている。一方で、飛騨高山のユール邸は柱梁の木架構の外側をレンガで囲み、日本の建築法規への対応や耐震性を考慮した建物となっている。日本の太陽高度による光の反射も考慮し

た天井の色（リビングは黄色いテントを光が透過した色、ダイニングは強い黄色、ゲストルームやバスルームは水色）や、内外空間のボリュームを高い精度で再現している。さらに飛騨高山のユール邸で設えられている家具には実際に座ることができるので、ユールと同じ目線で建物を疑似体感できる貴重な場でもある。若い建築家が試行錯誤し、白いキャンバスに絵を描くように、白色の漆喰レンガ壁で構成された壁、天井色を変えた個々の部屋に合った家具をデザインしては、そ

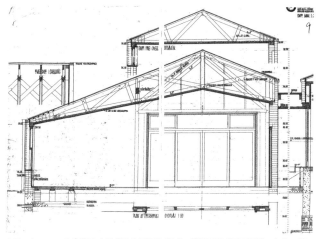

▲フィン・ユール自邸のオリジナル図面のリビング断面図（図面提供：キタニジャパン）

▲ワークルーム（デンマーク FJ 邸）

▲リビングルーム奥（デンマーク FJ 邸）

れらを設え、生活をより豊かなものにしていった姿を想像できる。

　飛騨高山のユール邸が建設当初のオリジナルに近い平面プランであるのに対して、デンマークのユール邸は、フィン・ユールの妻ハンナ・ヴィルヘルム・ハンセンの希望に沿う形で1968年に主寝室の部分が約2倍に増築されている。日本とデンマークのどちらも、連続する部屋のドアを開けると、テーパーが付いたドア枠によって遠近法の操作がされつつ、廊下や部屋の先にある窓が視線を室外の緑へと誘うというコンセプトは踏襲されている。

●フィン・ユールとアルヴァー・アールト

ところで、フィンランドの建築家アルヴァー・アールトがデザインしたマイレア邸（1939）も、玄関ホールとリビングの間に4段分の階段があり、中庭を

囲んでL字型の構成となっている。また、ユール邸の図面に描かれた半外部空間の東屋の先にある自由曲線の植え込みが、マイレア邸のサウナ小屋の前にあるプールにも見えてくる。ユール邸とマイレア邸には明らかな規模の差があるものの、アールトがデザインしたサヴォイ・フラワーベースを自邸に置いて愛用していたユールが、マイレア邸図面を横に置き、自邸をデザインしていたかもしれないと想像するだけで楽しくなってくる。

　有機的デザイナーとして評価を受けた2人の北欧建築家だが、アールトがフィンランド産のバーチ材を用い、曲木の高い特許技術で量産化された家具のデザインを一貫して追求した一方で、ユールは、初期にはマホガニー材やローズウッド材、チーク材などの木目の美しさが際立つ高級木材を

デンマーク国外から輸入し、さらに名匠ニールス・ヴォッダーによる木工技術の協力を受けながら、一品生産的で不合理さが同居するユニークな彫刻的家具のデザインに挑戦した。後期には量産家具メーカーへのデザイン提供も増やしながら、独自の審美眼だけを頼りにデザインの可能性を模索したといえるだろう。どちらの建築家も家具を触媒のように機能させ、豊かな空間を創造したという点では一致している。

ぜひ、ガイドブックを片手に北欧デザインの旅に出かけてみてほしい。

📖 参考文献

『夢の家　フィン・ユール邸建築プロジェクトPart1』NPO法人フィン・ユール　アート・ミュージアムクラブ、2012年
『FINN JUHL 北欧デザインの巨匠フィン・ユールの世界』織田憲嗣、平凡社、2012年
『流れが分かる！デンマーク家具のデザイン史』多田羅景太、誠文堂新光社、2019年
『フィン・ユールとデンマークの椅子』展覧会カタログ、東京都美術館、2022年

▲ダイニングルーム（デンマークFJ邸）

▲暖炉のあるリビングルーム。天井は2/10の拝み勾配となっている（飛騨高山FJ邸、写真提供：キタニジャパン）

▶飛騨高山のフィン・ユール自邸平面図（図面提供：キタニジャパン）

フィン・ユール
Finn Juhl（1912〜1989）
デンマーク・コペンハーゲン出身の建築家、インテリアデザイナー。王立芸術アカデミー建築科在学中からヴィルヘルム・ラウリッツェン建築事務所で働き始める。1940年代に「イージーチェアNo.45」「チーフテンチェア」などの椅子や家具デザインを行い、1942年に自邸を建設した。その後、アメリカでも活躍し、インテリアデザイナーとしても名声を広め、デンマークを代表する家具デザイナーとして今なお根強い人気を誇る。

上・ユーヴェ・ランドスケープ・ホテルの周囲に広がる雄大な景色
下・同ホテルコテージからの眺め

テーマのある旅 ⑯
ノルウェーの自然に新たな着眼点を与える建築を訪ねる

北川 卓（建築家・フレームデザイン株式会社代表取締役）

ノルウェーと聞いてイメージするものは何だろうか。フィヨルドに代表される豊かな自然はことのほか有名だが、ここで紹介したいのは、その豊かな自然を建築デザインによってより豊かに見せようとするノルウェーの姿である。

題材となるのは、ノルウェーで数十年にわたって国内の優秀な建築家の設計により進められている「Detour/ナショナル・ツーリスト・ルート・プロジェクト」（※以下Detourプロジェクト）だ。このプロジェクトは、1990年代から始まった各省を横断する国家プロジェクトで、ノルウェーの雄大な自然を来訪者に堪能させる拠点を各地に設けよう、というものである。いずれも僻地にあり、気軽に訪れることは難しい立地条件だ。だが一方で、仮にノルウェー縦断ドライブを企画して訪れたとしても、こうした施設がなければ周囲の景観の素晴らしさを体感することなく通り過ぎてしまいかねない場所ともいえよう。

紹介するのは、**ユーヴェ・ランドスケープ・ホテル**と、グートブランツユーヴェという場所にある散策コースならびにビジターセンターだ。どちらの設計も、ノルウェーの設計事務所イェンセン＆スコドヴィンによるもので、彼らの自然に対する価値観が凝縮されたプロジェクトだ。

▲ホテルのコテージは林の中に点在する

▲各コテージが木々に包まれるように建っている

▲眼下にとうとうと流れる渓谷を臨むロケーション。サウナに入りながら景色を眺めることもできる

●自然が何よりの贅沢
― ユーヴェ・ランドスケープ・ホテル

「Detour プロジェクト」の施設の特徴は、自然の景観を必要最低限の設備により浮き彫りにする点にある。建築の存在を極力なくし、余分なものを削ぎ落とす。その場所の主人公は、壮大に広がるノルウェーの素晴らしい景色にほかならない。この価値観は、北欧の人々が短い夏を堪能するべく長い休暇をとり、必要最低限の設備の小屋で自然のなかに身を潜め、自然を楽しむ姿にも共通する。ノルウェーが誇る文化や地域資源は自然にまつわるものが多く、その多様性と特異性こそが自国の誇りという彼らの強いメッセージを感じ取ることができるはずだ。

　ユーヴェ・ランドスケープ・ホテルがまさにその代表例だ。森のなかで暮らすことは私たち現代人にとっては永遠の憧れともいうことができるが、このホテルでは、そうした贅沢を体感することができる。

　筆者が訪れた当日はあいにく雨が降ったり止んだりという雨模様だっ

たが、周辺に民家は見当たらず、秋の景色がより趣深く演出され、絵画のような美しい景色が広がっていた。ホテルは分棟型のコテージのような形式で点在し、どこからどこまでがホテルの敷地なのかはすぐにはわからず、木々と敷地の高低差のためホテルの建物群の全容を見渡すことはできない。コテージのなかに入ると、大きな窓の外に広がる緑一色の景色にまず息を呑んだ。雨に洗われた緑の景色は、これまで見たことのない美しさだった。夜は暗闇の静寂のなか、森に包まれるようにして眠り、雨音で目を覚ませば、窓外には透ける緑の景色が広がる。やがて北欧の秋の空はゆっくりと薄明るくなり、景色が朝へと移り変

▲コテージに入ると戸外の美しい景色が目に飛び込んでくる

▲グートブランツユーヴェの散策路

▲渓谷に迫り出すように「視点場（View point）」がつくられている

わっていく。ただでさえ自然のなかに限りなく存在する美しい景色を、このホテルではさらに美しく演出するようデザインされており、それを堪能することができた。なおこのユーヴェ・ランドスケープ・ホテルは、ノルウェー国内の優れた現代建築に贈られるHouens財団賞の受賞作に選ばれている。

●渓谷を堪能しつくす
― グートブランツユーヴェ展望台

「Detourプロジェクト」から、もう一つ面白い事例を紹介しよう。滝周辺の渓流に設けられた視点場、グートブランツユーヴェ展望台だ。林のなかを縫うようにして散策路が設けられ、さまざま高さから渓谷を眺められるよう工夫されている。ところどころ、渓谷に迫り出すようになっており、来訪者がこれまでに経験したことのない新たな視点を提供する仕組みとなっている。雄大な自然に抗うことなく共存しながら歳月を積み重ねるため、遊歩道の建材は錆を許容するスチールでできていて、自然の有機性とうまく歩調を合わせるかのように自由曲線で構成されている。

どの施設もノルウェーの資産である自然を体感するために、これまでとは異なる視点を創造し、その土地特有の魅力を訪問者にわかりやすく提示している。アクセスしづらいことは確かだが、ノルウェーの大自然を堪能しながら、建築によって舞台設定された鑑賞の場を体験することは、私たちにノルウェーの素晴らしさを再認識する機会を与えてくれるはずだ。建築を通して地域や企業のブランドをどう高めるかという課題に真摯に取り組む「Detourプロジェクト」は現在も継続中である。ノルウェーにしかできないこの「プレゼンテーション」から目が離せない。

▲散策路の先にはカフェ併設のビジターセンターがある

早わかり イギリス・アイルランド建築史

●先史時代・ローマ時代

イギリス建築は、先史時代のストーンヘンジなど、儀式用であったいくつかの環状列石の存在からはじまる。ローマ時代につくられたものは、ロンドン、チェスターなど街の城壁として、また建築としてはバースの街なかに点在している。アイルランドには、墳墓遺跡として有名なニューグレンジがある。ヨーロッパ南部から移住したものによってつくられたとされており、そのため古墳としての形態や装飾は、ヨーロッパ各地の同時代の巨石遺跡と共通する。

4世紀以降イギリスでは、1066年ノルマン人征服まで、ローマ建築の影響を受けたかたちで、初期教会建築や修道院などが建てられたが、わずかの事例を除きほとんどは遺構となっている。ローマ建築の影響という意味では、中世ヨーロッパにおけるロマネスク様式は、イギリスではアングロ・サクソン様式といわれている。

アイルランドでは、イングランドのように直接ローマ人の支配は受けなかったが、6世紀ごろから初期キリスト教の聖地としてグレンダー・ロッホが発展する。9世紀にはヨーロッパ各地から僧や学者たちが集まり、石造の教会と円塔がつくられた。

●ノルマン征服以降とゴシック教会

11世紀以降、ノルマン人は、主に教会建築においてはアングロ・サクソン様式をその規模を拡張したかたちで引き継ぎ、またノルマン様式としてロンドン塔、コンウィ城など多くの城郭建築を建設した。また12世紀頃からマナー・ハウスと呼ばれる2階建ての簡素な石造の壁と木造の屋根が架かった小屋がつくられるようになり、後に社会的環境の充実とともに、大規模な住宅であるパレスやカントリーハウスへと発展していく。

現在、最も多く見ることができ、またイギリス的な特徴を表している様式としてはゴシックがあげられる。時間的な変遷にしたがって、初期ゴシック（13世紀）、装飾式ゴシック（14世紀）、垂直式ゴシック（15世紀）の3つに分類される。そのはじまりとなったのは、12世紀にイングランド北部の建築家がフランスの教会堂に現れ始めた意匠に関心を示したことにあり、イングランド北部と東部を中心に、カンタベリー大聖堂、リンカーン大聖堂、ウェストミンスター・アビィなど、初期ゴシック建築が建てられた。

すべての時代に当てはまるであろうが、イギリス建築は必ずヨーロッパ、と

ストーンヘンジ

グレンダー・ロッホ初期キリスト教会群

ローマン・ウォールとロンドン塔

くにフランス建築の影響を受けるのであるが、それをそのまま移行して建てるのではなく、むしろそれを批判的に受け止め、イギリス独自の様式にまとめていこうとする意志が、イギリス建築には存在している。

ゴシック建築はその典型的な様式で、イギリス建築において最も長期間存続し、かつ変化に富んだ歴史を展開した。初期ゴシックの次に現れた装飾式ゴシックは、フランスには見られないほど自由な装飾が教会建築に施されていた。その理由には、イギリスでは地理的な特性からフランスへの同調よりも、むしろ地方的な孤立による創造が重んじられていたことがあげられる。**ヨーク大聖堂、エクセター大聖堂**などがその事例である。

15世紀になると細くて線的な要素を繰り返し使って、垂直性が強調されるようになり、内部空間全体の均一化が計られる。最も有名なものとして**ケンブリッジ、キングズ・カレッジ**の礼拝堂におけるファン・ヴォールトを使った内部空間があげられる。

アイルランドにおける本格的な教会建築は、北欧系のデーン人によって1038年に木造の建物がダブリンに建てられたのが最初であった。その後同じ敷地に**ク**

ゴシック大聖堂の各部名称

[平面図]

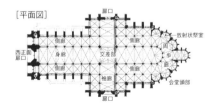

[断面透視図]

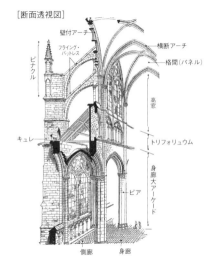

カンタベリー大聖堂

エクセター大聖堂

ケンブリッジ大学キングズ・カレッジ礼拝堂

ライスト・チャーチ大聖堂が石造建築として建てられた。ほぼ同じ頃、聖パトリック大聖堂も建てられたが、14世紀から16世紀中ごろまではアイルランドで最初の大学として使われていた。いずれも教会建築としては、規模も空間的な荘厳さなどもイギリスのものよりはこぢんまりしている。

●古典主義からジョージアンへ

16世紀から18世紀にかけては、教会以外の建築に発展がみられる。16世紀に入り、ヘンリー8世によってカトリックから脱し、イギリス国教会となり、精神的な国内の統一がなされる一方、エリザベス女王、ジェームズ1世によって積極的に対外政策をとることによって、19世紀産業革命が起こる基盤がつくられる。このような国内外の二重政策によって、建築思想のヨーロッパ、とくにイタリアからの流入と社会改革的な実践を交えてイギリスの都市が形成されていった。

1666年のロンドンの大火は、建築構造の画期的な変化をもたらし、石造を中心とした都市の不燃化と規模の拡大が図られる。その頃イニゴ・ジョーンズやクリストファー・レンなど、職能として生まれた建築家がイタリアの事例を参考に、西洋建築の古典的法則に即した建築

群を、都市の拡張とともにつくりだしている。現在ロンドン、エディンバラなどに見られるテラス・ハウスなどの連続住宅やスクエア、クレセントといった都市広場などは、18世紀ジョージ朝に建てられたため、これらの様式はジョージアンという名前で親しまれている。

19世紀前半、時の摂政とつながりをもった建築家ジョン・ナッシュは、ロンドンの中心部に風景庭園で用いられた視線の変化を使った手法で街並みをつくりだした。一方、スコットランドのエディンバラでは、北のアテネと呼ばれるほど文化的な発展を見せ、当時建設された建物の多くはアテネの神殿様式を模している。また、スコットランド各地には、カントリーハウスの発展形態として多くの城屋敷が建てられた。

アイルランドの首都ダブリンには、ヨーロッパとくにフランスに見られる古典主義様式に影響を受けた特筆すべき建物がこの頃建てられている。その多くはイギリス人建築家によるものだがそのなかでもフォー・コーツはパリにおけるルドゥーの作品を思わせるシルエットを生み出している。

●ヴィクトリアンからモダンへ

イギリスが最も繁栄を見せた19世紀中

ベッドフォード・スクエア

フォー・コーツ

ヒル・ハウス

頃からのヴィクトリアン時代には、堕落的な社会への批判思想として、その理想を中世に求める傾向がでてくる。ジョン・ラスキン、ウイリアム・モリスといった思想家やデザイナーの流れを組む人たちによって、アーツ・アンド・クラフツ運動が、社会主義思想とともに誕生する。また、中世の様式であるゴシックにそのデザイン的な源流を見出した建築家たちによって、国会議事堂をはじめほとんどの公共建築がゴシック・リバイバルという様式によって建てられた。

さらに中世主義者たちの批判の対象となった工場や駅舎などの工業建築、橋などの土木工作物が鉄やコンクリートといった新しい材料を使うことで19世紀に次々と出現する。なかでもグラスゴーは工業都市としての性格から、工場建築に発展が見られた。そんななか時代の寵児としてマッキントッシュというデザイナーが誕生した。マッキントッシュによってスコットランドという風土に触発された独特のデザイン感覚をもつ建物がつくられたが、ウィーンをはじめ大陸の新しい芸術家を除き、当時イギリス国内には彼を評価するものは少なかった。

●20世紀から現代へ

20世紀に入ると世界中の模範となったガーデン・シティ（田園都市）という住宅都市計画が、イギリス国内に次々とつくられた。第一次世界大戦と第二次世界大戦の間、ドイツのバウハウスとフランスのル・コルビュジエによるモダニズム思想に影響を受けた亡命建築家たちによって、住宅や集合住宅を中心にして近代建築がつくられていったのである。

第二次世界大戦中ロンドンでは、ロンドン州庁舎の都市計画家によって戦後の都市計画の指針となるロンドン計画が作成され、戦後の準備が行われた。第二次世界大戦後、1951年のイギリス祭の開催を契機として、イギリスにおける近代産業の社会的基盤は整っていく。そして、ガーデン・シティの流れをくむニュータウンという都市計画を中心に、近代建築は、集合住宅から文化施設、商業ビル、オフィスビルなどに範囲を拡げ、現代のイギリスにおける都市環境を形成していった。

また、ロンドンやダブリンのような大都市では近年、ナショナル・ロタリー（宝くじ）基金を財源として、次々と新しい建築ができる一方、歴史的な建築を保存・改修し、新しく機能を再生することで、イギリスにおける建築・都市環境の歴史的な厚みがいっそう深まっている。

(渡邉研司)

イソコン・フラット

テート・モダン

ロンドン・シティ・ホール

早わかり 北欧4か国建築史

北欧4国の建築史を語る前に、まず押さえておかなくてはならないのは、日本ではスカンジナビア諸国と北欧諸国を混同して使うことが多いが、現地では「スカンジナビア諸国」と総称される場合、通常デンマーク、スウェーデン、ノルウェーの3国を指すのが通例であるということである。分け方には諸説あるが、ここでは現地の通例にならって、スカンジナビア諸国にフィンランドを含めた4国を「北欧諸国」と呼ぶ。

　民族的にみても、9世紀頃に明確に分化した、デンマークのデーン人、スウェーデンのスヴェーア人、ノルウェーのノール人がゲルマン諸族に分類されるのに対し、フィンランドのフィン人だけが明らかに祖先が異なっている。フィン人は、1～7世紀にかけて中央アジアから移住してきた民族とされ、使用しているフィン語も独特な言語体系を持っている。スカンジナビア諸国の民族よりもハンガリーやエストニア、ロシアなどの国々に近い、フィン・ウゴル系民族に分類される。また北欧諸国におけるフィンランドの独自性は、スカンジナビア諸国がいずれも王国であるのに対して共和国であることや、北欧諸国で唯一、欧州経済通貨同盟に参加して単一通貨ユーロを導入してい

るなど、国勢・経済の分野においても知ることができる。ただし北欧諸国の建築史をひもといてみると、それぞれの国が互いに密接に影響し合いながら、またその当時、世界で持てはやされた建築様式を適度に織り交ぜながら、自国のアイデンティティを模索していったという点では共通している。このような背景を踏まえた上で北欧諸国の建築史をたどってみよう。

●木造支柱式教会の時代

スカンジナビア諸国におけるヴァイキングの活動は9世紀に始まり11世紀初頭まで続く。中でもスヴェーア人は、デーン人とともにロシアを通って黒海やカスピ海、ビザンティンまで東方遠征を行い、ノール人はグリーンランドやアイスランド、アメリカにまで活動範囲が及んだ。スカンジナビア諸国は、こうしたヴァイキングの活動によって急速に生活水準を向上させるが、戦利品だけではなく、ヨーロッパ各地の建設技術や建築様式を自国にもたらした点が注目される。また歴史的に重要なのは、デンマークとスウェーデンでは9世紀頃から、ノルウェーでは10世紀末にキリスト教の布教が始まることである（北欧諸国では現在、福音ルーテル派のプロテスタントが主流）。

ビルカとホーヴゴーデン

ウルネスの教会

ウップサラ大聖堂

これに合わせて建設された教会建築が、これ以後、北欧諸国の建築様式を語る上で重要となる。

北欧諸国の建築や集落の源流は、9世紀にヴァイキングの交易の中心として栄えたスウェーデンの**ビルカとホーヴゴーデン**、11世紀初めにデンマークのトレレボー近くにあったヴァイキングの造船技術が転用されたといわれる舟形の民家群、12世紀に全盛期を迎えるノルウェーのスターヴ教会（木造支柱式教会）の数々に見ることができる。スターヴ教会の具体例としては、**ウルネス教会**、**ボルグンド教会**、**ヘッダル教会**などがあり、それらを通してヴァイキングの卓越した木工技術を知ることができる。

●**ロマネスクからルネサンスへ**

12世紀、北欧諸国では主にドイツとイングランドからの石工技術の流入により、ロマネスク様式の大聖堂や城が現れる。主な事例としては、スウェーデンにある総石造りの**ルンド大聖堂**、デンマークにあるレンガ造りの**ヴィーボ大聖堂**がある。その後、13世紀にはフランス・ゴシック様式が伝来し、ゴシック様式の建物が次第に現れるようになる。

主な事例としては、デンマークにあるドーム型をした**リーベ大聖堂**、スウェーデンにあるスカンジナビア最大の**ウップサラ大聖堂**、イギリスのカンタベリー大聖堂を参照したとされるノルウェーのトロンヘイムの**ニーダロス大聖堂**がある。大規模な建築ほど建設に時間を要する関係で、結果としてロマネスク様式とゴシック様式の混在した建物も次第に現れるようになる。その代表例がデンマークの**ロスキレ大聖堂**である。

またこの時期、ドイツのホール型教会がドイツ本国で隆盛をきわめ、北欧諸国にも影響を与え始める。その代表例がデンマークの**オーフス大聖堂**で、北ドイツの職人にとってはなじみのある、豊かな装飾パターンによるレンガ積みで仕上げられている。歴史的には、1397年バルト海貿易で力を付けてきたドイツのハンザ同盟に対抗するために、スカンジナビア諸国はカルマル同盟（1523年まで続く）を結び、デンマークの女王マルグレーテ1世の主導により史上最大の大国となったが、16世紀にかけて依然としてドイツの影響を強く受け続ける。この当時のバルト海貿易の中心として栄えたスウェーデン・ゴットランド島の**ヴィスビー**と、ノルウェーの**ベルゲン・ブリッゲン地区**には当時の繁栄を今に伝える建物や遺跡がある。

ロスキレ大聖堂

ベルゲン・ブリッゲン地区の街並み

クロンボー城

北欧諸国にルネサンス様式が訪れるのは遅く、初期の事例としてデンマークの**クロンボー城**、スウェーデンの**マルメ城**があり、16世紀に建設されたが、全盛期を迎えるのは17～18世紀にかけてで、他のヨーロッパ諸国に比べるとなかなか浸透しなかった。事例としてはデンマークの**イェンス・バング邸**、ノルウェーの**アーケシュヒュス城**、スウェーデンの**ドロットニングホルム宮殿**がある。

●ルネサンスから新古典主義へ

18世紀には他のヨーロッパ諸国と時期をほぼ同じくして、イタリア・バロック様式とフランス・ロココ様式が流入した。デンマークとスウェーデンの2国が、中央ヨーロッパ、特にオランダ経由で流入するさまざまな様式に対して開放的であったのに対して、ノルウェーとフィンランドの2国は閉鎖的であったことは注目に値する。事実ノルウェーでは、この時期においてもなお木造建築が主流であり、当時スウェーデン領であったフィンランドには**スオメンリンナの要塞群**が建設された。事例としてはスカンジナビア諸国で最もモニュメンタルな建物で、バロック様式とロココ様式を併せ持つスウェーデンの**ストックホルム宮殿**、デンマークの**クリスチャンボー城**がある。

ルネサンス様式に続く新古典主義様式は、オランダ経由でスカンジナビア諸国にもたらされた。特に1774年の最終案を元にして建てられたロスキレ大聖堂の中にあるフレデリック5世の礼拝堂は、ヨーロッパ全域でみても、新古典主義様式の最も純粋に表現した事例であるといえよう。歴史的には19世紀初頭のスカンジナビア諸国、とくにスウェーデンはナポレオンの侵攻を受けて勢力が弱まり、フィンランドも1809年には全土がロシア領になるなど、北欧諸国は一時混乱状況に陥ってしまう。

●ナショナル・ロマンティシズムとモダニズム

19世紀前半、フィンランドではドイツ人建築家C.L.エンゲルらによって、ノルウェーではC.F.シンケルの理念に基づいて新古典主義様式の建築が建てられた。事例としてはフィンランドの**ヘルシンキ大聖堂**、**ヘルシンキ大学本館**、ノルウェーの**オスロ大学**、**オスロ王宮**などがある。その後、イギリスの影響が強いヴィクトリア朝歴史主義の建物、すなわちノルウェーの**オスカルスホール**、デンマークの**コペンハーゲン大学図書館**などが建てられるが、その装飾的なデザインと歴史主義からの脱却を求める動きが北欧諸国全体に広がり、自国のアイデンティティを

アーケシュヒュス城

ヘルシンキ大聖堂

オスロ大学

模索する動きとしてナショナル・ロマンティシズム様式が19世紀後半に現れる。この事例としてはデンマークの**コペンハーゲン市庁舎**、スウェーデンの**ストックホルム市庁舎**、**フィンランド国立博物館**、**ヴィトレスク**などがあげられる。

　ナショナル・ロマンティシズム様式は、アール・ヌヴォーの流れをくむドイツのユーゲントシュティールの影響ともいわれている。フィンランドでは、現ロシア領であるフィンランド東部のカレリア地方に民族の根源を求め、建築のみならず芸術全般を包括する大きなうねりへと昇華し、ノルウェーでは独自の支柱式教会に見られる樽板工法とスイスのインターナショナル様式を融合させて、独自の装飾性を持つドラゴン様式を確立していった。

　その後、1920年代に世界的な名声を得ることとなる、インターナショナルスタイル様式が北欧諸国に突如として現れる。特に1930年に開催されたストックホルム博覧会でのE.G.アスプルンドによるパビリオンは、細いスチールと大きなガラス面を多用した、当時としては斬新なデザインであり、世界中の建築家たちに驚嘆された。ノルウェーのA.コルシュモー、スウェーデンのE.G.アスプルンド、デンマークのA.ヤコブセン、フィンランドのA.アールトなどが残した機能主義建築の数々、**ヴィラ・ステーネルセン**、**ヨーテボリ市庁舎**、**ベルヴュー劇場**、**パイミオのサナトリム**等がその代表例としてあげられる。これらの建築家は機能を純粋な形で表現した建築家として注目されることが多いが、実はモダニズム建築の基本的原理を地方ごとの特性に合わせて解釈した地域主義的な思想を持っていたのである。その後、機能主義は地域主義との融合を果たし、今日の北欧建築のスタイルへとつながることになる。

●北欧諸国の現代とこれから

北欧諸国の建築をとりまく環境は、今まで以上に国外に対して開放的になっている。公開設計競技に世界の建築家たちが参加し、**ヘルシンキ現代美術館**ではアメリカ人建築家S.ホールの案が、**ストックホルム近代美術館/建築博物館**ではスペイン人建築家R.モネオの案がそれぞれ採用され、北欧諸国の若手建築家たちに多大なる影響を与えている。まるでその建築史をなぞるように、ヨーロッパにありながらその中心からはある一定の距離を保ち、自国のアイデンティティを模索する北欧諸国の建築の旅は、今なお続けられているのである。

（北川 卓・松本 淳）

ストックホルム市庁舎

フィンランド国立博物館

ストックホルム近代美術館/建築博物館

建築・街並み索引

[写真提供]

■必見の建築・街並み

渡邉研司　北川卓　松本淳　伊藤俊介　伊藤香織　大川雄三　太田浩史　加藤万貴　佐藤哲也　清水葉子
鈴木紀慶　机宏典　中井邦夫　中谷正人　長谷智子　長谷川清之　畑中恵美　平山達　広瀬元子
布施木綿子　松井晴子　連健夫　柳博通　山田和彦　Andreas Vaa Bermann　Bob Krist　C.Lundin
R.Ryan　William Tingey　KHR設計事務所　英国政府観光庁　スカンジナビア政府観光局
フィンランド政府観光局　アフロ：p121（32）、p122（35）、p127（55）、p128（58・59）、p146（59）、p164（3）、
p167（13）、p169（21・23）、p174（45・46）、p175（49）　池田麻美：p121（30）　遠藤悦郎：p138（27）、p139
（28）、p146（58）　河合杏奈：p121（33）、p122（39）、p126（51）、p127（54）、p139（29）、p146（56）、p160（44）
北川卓：p169（24）　長谷川清之：p173（40）　松本寛子：p138（26）　吉田未玲：p165（4・8）、p167（15）、p168（19）、
p170（29・30）、p171（34）、p172（37）、p175（47）　和田菜穂子：p138（25）
Einar Aslaksen：p167（14）、p168（18・20）　Jussi Tiainen：p145（54）　Marc Goodwin：p144（51）
Mika Huisman：p139（30）、p146（57）　Reiulf Ramstad Arkitekter：p171（35）、p174（44）
Shutterstock：p121（31・34）、p122（36・37・38）、p125（48）、p127（56）、p134（11）、p165（5）、
p169（22）、p171（32）、p175（48・50）　Tuomas Uusheimo：p135（13）、p145（52）、p146（55）

■テーマのある旅

星和彦　田路貴浩　藤田治彦　渡邉研司　清水慶一　木村博昭　長谷川清之　北川卓　松本淳　島崎信
市原幸延　佐藤達生　小野田滋　平島勇夫　杉浦利隆　The National Trusut Photographic Library
The Victoria and Albert Museum 英国政府観光庁　河合杏奈：p208～213、p224、p226下、p227上、p228、
p229右　北川卓：p230上、p231、p232右上・下、p233上　松本淳：p229左上　和田菜穂子：p184～191
Jensen & Skodvin Architects：p230下、p232左上、p233下　Shutterstock：p103左、p104右・左、p106左、
p107右・左、p241中央

執筆者略歴　　各国編者「テーマのある旅」掲載順 ①生年②最終学歴③現職④主な研究テーマ

渡邉研司（わたなべ けんじ）
①1961年②日本大学大学院、AAスクール大学院修了③東海大学工学部建築学科教授④イギリス近代建築史研究および近代建築保存活動

北川 卓（きたがわ たく）
①1971年②東京藝術大学大学院美術研究科修士課程修了③フレームデザイン株式会社代表取締役

松本 淳（まつもと じゅん）
①1974年②東京工業大学大学院理工学研究科建築学専攻修士課程修了③日建設計勤務

星 和彦（ほし かずひこ）
①1951年②東京都立大学工学研究科博士課程修了③前橋工科大学名誉教授④西洋建築史（とくに英国の17世紀から19世紀前半）

田路貴浩（たじ たかひろ）
①1962年②京都大学大学院工学研究科博士課程修了③京都大学大学院工学研究科教授④建築論（建築・都市・庭園の現象学）、建築設計

藤田治彦（ふじた はるひこ）
①1951年②大阪市立大学大学院博士課程修了④環境美学

清水慶一（しみず けいいち）
①1950～2011年②日本大学理工学部④近代化遺産、産業技術史、技術革新学

木村博昭（きむら ひろあき）
①1952年②グラスゴー大学マッキントッシュ・スクール・オブ・アーキテクチャー博士課程卒業③京都工芸繊維大学名誉教授、Hon.FRIAS（王立スコットランド建築家協会名誉フェロー会員）、木村博昭+Ks Architects主宰

長谷川清之（はせがわ せいじ）
①1941年②日本大学芸術学部美術学科③北欧民家研究家④北欧民家・木造建築

和田菜穂子（わだ なほこ）
②慶應義塾大学政策・メディア研究科修士課程修了③東京家政大学准教授④北欧近代建築史

藤井亮介（ふじい りょうすけ）
①1981年②東京工業大学大学院理工学研究科建築学専攻修士課程修了③株式会社藤井亮介建築研究所主宰

島崎 信（しまざき まこと）
①1932年②東京藝術大学美術学部図案科、デンマーク王立芸術アカデミー建築科修了④北欧造型学

※ 本書の内容は2012年に発行した「世界の建築・街並みガイド②新装版」に加筆・修正を行ったものです。

■協力
関本竜太　Adnan Harambasic　美術出版社　ノルウェー王国大使館
スカンジナビア政府観光局　フィンランド政府観光局　吉田未玲
Mikko Summanen

■図版出典
Viollet-le-Duc:Dictionnaire raisonne de làrchitecture francaise du XI au
XVI siècle,Paris,1889
S.Murray:Notre-Dome,Cathedral of Amiens;the power of change in
Gothic,Cambrige/New York,1996

■地図作製　（株）ゲオグラフィア　大橋伸子
■編集協力　布施木綿子　佐藤哲也　角田俊　川口さなえ
■装丁デザイン　菅谷真理子（マルサンカク）
■装画　いなだよしえ
■DTP　TKクリエイト
■印刷　図書印刷株式会社

世界の建築・街並みガイド
イギリス｜アイルランド｜北欧4か国　最新版

2024年3月4日　初版第1刷発行
企画・編集　大川三雄　松井晴子　鶴田真秀子
編著　渡邉研司　松本淳　北川卓
発行者　三輪浩之

発行所　株式会社エクスナレッジ
　　　　〒106-0032　東京都港区六本木7-2-26
　　　　https://www.xknowledge.co.jp/

問合せ先
編集　Tel03-3403-1381／Fax03-3403-1345／info@xknowledge.co.jp
販売　Tel03-3403-1321／Fax03-3403-1829

無断転載の禁止
本書の内容（本文、図表、イラスト等）を当社および著作権者の承諾なしに無
断で転載（翻訳、複写、データベースへの入力、インターネットでの掲載等）す
ることを禁じます

© Kenji Watanabe,Jun Matsumoto ,Taku Kitagawa